内蒙古师范大学
70周年校庆
70th ANNIVERSARY OF
INNER MONGOLIA NORMAL UNIVERSITY

内蒙古师范大学七十周年校庆学术著作出版基金资助出版

双语语言文化认知研究

李 杰 ◎ 主编

Study on Cognition of Bilingual
LANGUAGE AND CULTURE

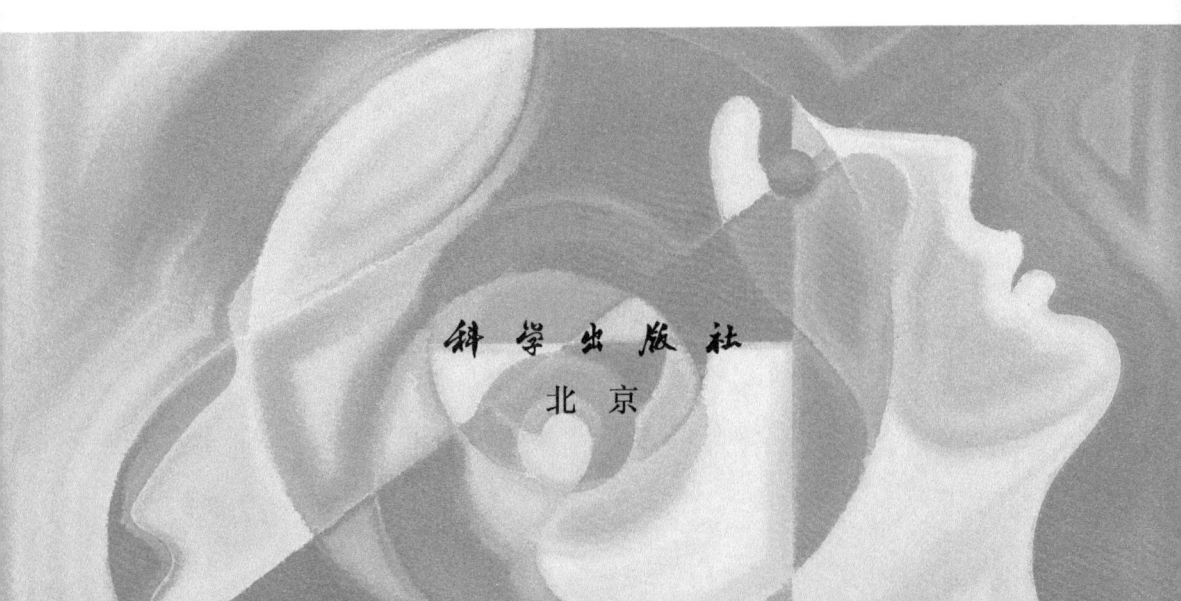

科学出版社
北京

内 容 简 介

本书针对双语学习对人类大脑的影响,从双语第二语言学习、学习与认知优势关系的角度出发,介绍了语言的基本知识、语言的脑神经基础、双语者语言习得、双语学习的转换与认知优势、蒙汉双语者的语言认知研究、语言文化与认知,以及"语言战略:语言生活与社会发展"等方面的内容,将新的研究思路与技术手段和方法融合在不同的内容中,既聚焦核心问题,又探讨了解决问题的途径,便于读者深入理解和认识语言学习与脑功能的关系这一命题。

本书适合全国高等院校心理学及其他专业的本科生和研究生阅读,同时适合所有致力于心理语言学、语言认知心理等科学心理学领域研究的研究者参阅。

图书在版编目(CIP)数据

双语语言文化认知研究 / 李杰主编. —北京:科学出版社,2022.5
ISBN 978-7-03-072297-3

Ⅰ. ①双… Ⅱ. ①李… Ⅲ. ①双语学–文化语言学–研究 Ⅳ. ①H0-05

中国版本图书馆 CIP 数据核字(2022)第 085396 号

责任编辑:孙文影　冯雅萌 / 责任校对:贾伟娟
责任印制:徐晓晨 / 封面设计:润一文化

科 学 出 版 社 出版
北京东黄城根北街 16 号
邮政编码:100717
http://www.sciencep.com

北京建宏印刷有限公司 印刷
科学出版社发行　各地新华书店经销
*
2022 年 5 月第 一 版　开本:720×1000 B5
2022 年 5 月第一次印刷　印张:12 3/4　彩插:1
字数:210 000
定价:99.00 元
(如有印装质量问题,我社负责调换)

本书编委会

主　编　李　杰

编　委　（按姓氏汉语拼音排序）

　　　　曹　亢　成秀梅　何　虎　姜淞秀

　　　　李　敏　徐庆宏　雅　茹

目 录
CONTENTS

第一章 语言的基本知识 ·· 1
    第一节 语言理解概述 ··· 3
    第二节 言语产生概述 ··· 9
    第三节 语言发展概述 ··· 12

第二章 语言的脑神经基础 ·· 19
    第一节 脑的科学认识 ··· 21
    第二节 语言的中枢机制 ·· 30
    第三节 语言脑神经机制的研究趋势 ···························· 36

第三章 双语者语言习得概述 ·· 51
    第一节 双语者的概念与分类 ··································· 53
    第二节 双语者第二语言的习得 ································ 55
    第三节 双语者语义表征 ·· 59
    第四节 双语者第二语言词汇通达 ····························· 70

第四章 双语学习的转换与认知优势 ································ 83
    第一节 语言转换与语言转换代价 ····························· 85

第二节　双语学习的认知优势效应 …………………………… 99

第五章　蒙-汉双语者的语言认知研究 ……………………… 117
　　第一节　蒙古族语言与汉语的语言差异 ……………………… 119
　　第二节　蒙-英双语者的语义表征研究 ………………………… 122
　　第三节　蒙古族双语者的转换研究 …………………………… 126
　　第四节　蒙-汉双语者的否定句加工研究 ……………………… 130

第六章　语言文化与认知 ……………………………………… 139
　　第一节　语言文化与认知关系的基本理论 …………………… 141
　　第二节　蒙-汉双语者的注意广度研究 ………………………… 144
　　第三节　蒙-汉双语者的颜色认知研究 ………………………… 148

第七章　语言战略：语言生活与社会发展 ………………… 163
　　第一节　语言战略视角下的语言研究 ………………………… 165
　　第二节　语言与社会治理 ……………………………………… 167

参考文献 ………………………………………………………… 171

第一章

语言的基本知识

语言是一定群体进行信息交流的工具。人们通常认为，语言就是说话。从上述简单的概括中可以发现，语言现象涵盖"说话"动作和"语言符号"两个基本内容。因此，我们先要基于语言现象研究的角度明确区分这两个基本内容。我们可以通过比较下面三个例句中的"话"和"说话"来进行理解。

（1）现在还不是你说话的时候。
（2）大家都认为你说的话很有说服力。
（3）在工作场合应该说普通话。

第一个句子中的"说话"是指实际的说话过程，可以称之为"言语动作"；第二个句子中"说的话"是指说话动作所产出的内容，即言语作品；第三个句子中的"普通话"则是指说话过程中所借助的符号工具。言语动作和言语作品可以被统称为言语（speech），而说话时所使用的符号工具则被称为语言（language）（沈阳，2005）。在本书后文的论述中，大部分研究用"言语"一词特指言语动作或认知过程，用"语言"一词特指符号工具，读者在阅读时需结合上下文加以准确理解。

第一篇

中西文化与哲学

语言作为一种符号工具，具有社会约定性（沈阳，2005）。最直观的表现就是在不同国家和地区，人们会使用不同的语言，如英语、法语、汉语等。这种符号工具是看不见、摸不着的，它不仅作为一种知识或规则存在于人的大脑中，还在背后支配着人们怎样说话和理解别人说的话。

有关语言现象的研究主要涉及两个学科：一是语言学，它的主要研究对象是作为"符号工具"的语言；二是心理语言学，它主要关注语言过程，即结合语言学和心理学的理论与实验方法来研究语言的习得、理解及产出的心理过程。在心理语言学中，一般认为掌握一种语言必须要掌握语音、词法、语义、语用及句法这五个成分（Shaffer & Kipp，2014）：①语音是指在语言中使用的最基本的声音单位以及将它们组合起来的规则。②词法则说明了语音单位是如何构成词汇的。③语义就是单词或句子所表达的意思。④语用则是指人（使用者）在一定环境中对语言的运用。语义与语用是语言意义的两个层面，语义更关心语言形式如何与它所指代的现实世界发生联系，而语用则更关心语言与使用者的关系以及谈话人具体运用语言时所要表达的交际目的。⑤句法详细说明了词是如何组成有意义的短语或句子的。本章主要介绍人类语言理解、言语产生以及语言发展等内容。

第一节　语言理解概述

语言是人类沟通最有效的交流工具，无论对方发出的语言符号是语音还是文字，人们都要先感知语言信息的语音、词汇和句法，并在知觉的基础上识别词汇的词形、语音，最后通达词汇的语义。值得注意的是，人类的语言理解并不仅仅局限于对单个词汇的特征及其意义的识别，而是更多地发生在语篇上，这需要将各种词汇的语义进行整合。本节主要介绍语言理解的认知加工过程及理论。

一、言语知觉过程

言语知觉（speech perception）是一个由多通道参与，对言语信息进行感知、辨识与理解的过程。言语理解始于言语知觉。言语知觉作为心理学的一个研究领域，已经存在和发展了很多年（杨玉芳，1997）。早期，言语知觉研究的主要目的是寻找最基本的音位知觉线索，希望借此解决言语识别的根本问题。随着各相关学科与研究技术手段的发展，言语知觉研究也逐渐扩展到词、语句甚至句法层面（杨玉芳，1997）。

视觉与听觉作为人类最主要的两个感觉通道，在言语知觉过程中相辅相成。由这两个感觉通道形成的言语知觉方式主要有三种：①视觉言语（visual speech）知觉，指通过观察说话者的面部表情、构音器官等的运动来知觉言语信息；②听觉言语（auditory speech）知觉，指通过听说话者的声音来知觉言语信息；③视听言语（audiovisual speech）知觉，指面对面交流时，通过听说话者的声音并观看说话者的动作、表情、口部运动等信息来知觉言语信息（王玉珏等，2017）。由此，在视听言语方式下产生了视听双通道的言语知觉过程（王玉珏等，2017）。

如同其他知觉研究一样，言语知觉研究的一个基本问题是知觉恒常性问题。众所周知，每个人说话的声音都不一样，这意味着言语信号中缺少声学、语音学的不变量（Liberman et al.，1967；刘文理等，2011）。所以，一个很重要的问题是人类如何将这些变化量非常大的语音信号知觉为常性的心理表征。针对这个问题，研究者提出了几种不同甚至对立的言语知觉理论，最具代表性的当属李伯曼等（Liberman et al.，1967）提出的言语知觉动觉理论、福勒（Fowler，1986）提出的直接感知理论，以及迪尔等（Diehl et al.，2004）认同的一般听觉理论。目前，有关言语知觉研究理论的争论主要围绕言语知觉的动觉理论（motor theory of speech perception）与一般听觉理论展开，其争论的焦点则是言语知觉是否需要言语产生相关的动作表征或动作事件（Galantucci et al.，2006；Hickok et al.，2009；Massaro & Chen，2008；Wilson，2009）。言语知觉的动觉理论认为，由于声学线索在人们说话的语音流中是混合的，声音信号和感知到的音位之间缺乏对应关系，所以，虽然很多的声学线索都具有知觉价值，但其在言语知觉中又不是必需的。因此，语音范畴不是源于纯粹的声学线索（Liberman et al.，1967）。还有观点认为，感知到的音位与发音动作间的联系比声学线索间的联系更密切，意味着恒常性发生于发音水平而非声学水平（Liberman & Mattingly，1985）。言语知觉的基本目标是知觉说话者的发音动作，即表征在脑中的恒定动作，感知言语即感知说话者内在的发音特征。研究者还进一步假设人类感知言语的能力不是依赖于一般的听觉和知觉学习机制，而是主要依赖于一个人特有的用于言语知觉的模块（也被称为一个特殊的解码器）。

言语知觉的一般听觉理论则反对言语知觉的动觉理论。该理论认为，听者是可以直接从声学线索中知觉到语音范畴的，言语知觉的目标不是知觉动作事件，而是物理的声学线索。人类感知言语的能力主要依赖于听觉机制和知觉学习的交互作用。在这个理论的基础上，研究者提出了不同的言语知觉模型以解释音位知觉。例如，克拉特（Klatt，1979）提出的言语知觉频谱的词汇通达（lexical access from spectra，LAFS）模型认为，听者可以直接从言语的频谱表征中产生词典假设（自下而上的知觉）；马萨罗（Massaro，1989）的感知的模糊逻辑模型（fuzzy logic model of perception，FLMP）则认为，言语信号首先经过边缘听觉系统的特征分析，之后与长时记忆中存储的音位原型进行匹配，最后才被知觉；基于联结主义的计算模型则认为，言语输入通过区别特征、音位以及单词等三个层级之间的兴奋性或抑制性联结扩散，从而完成言语知觉与词汇间的通达（McClelland & Elman，1986）。这些模型都很好地模拟了言语知觉中的自上而下或自下而上的加工。

目前，认知神经科学研究证明，后部听觉皮层区在言语加工中扮演着重要角色，顶下叶的缘上回和角回也可能参与了音位范畴的知觉加工，但是和言语有关的运动皮层前部却没有被激活（Hickok & Poeppel，2007）。这些研究强有力地支持了言语知觉的一般听觉理论。还有一些实验发现，与言语有关的动作皮层也有可能会被激活，但这种激活更多是因为动作皮层在言语知觉中的辅助性作用（Skipper et al.，2007）。

二、词汇识别的概念与过程

词汇识别是指在阅读过程中对词汇的辨认，从而获得词汇意义的过程。这个过程是人们通过视觉或听觉通道，对词的形、音等信息进行确认，进一步对词汇信息进行编码并且在心理词典中查找、提取词条的过程（任桂琴，2012）。词汇识别是一个高度自动化的，涉及视觉知觉的特征、音、形及词义通达加工的复杂认知过程。对于词汇如何从音、形等知觉信息通达到词汇意义的过程，不同的理论给予了不同的解释。

人们在阅读一段文字材料时，总是通过在心里的默读过程来获得语义。直觉上，人们理解词义必须通过"读"的过程来获得，而不能通过直接"看"来获得。这种直觉看起来很有道理，事实上，语音中介通达理论（phonologically mediated access theory）就支持这一观点。语音中介通达理论相信词汇的视觉模式不能通过直接激活心理词典中的词条来获得语义，而必须通过语音形式才能直接激活。因此，词汇识别的过程必须经由视觉词汇信息转换成语音形式的中介过程从而通达词义（Rubenstein et al., 1971）。

额外加入语音再编码过程使得人类的词汇识别过程看起来还不够高效，这也与后来发现的一些事实相矛盾。例如，有些研究证明了汉字、词的识别过程主要是通过视觉通路直接通达的（Waters & Seidenberg, 1985）。因此，直接通达理论（direct access theory）认为，人类词汇的视觉信息可以直接激活心理词典中的词条而不必经过语音的激活，语音信息在词汇识别的过程中所起的作用不大（Waters & Seidenberg, 1985）。

由于语音中介通达理论与直接通达理论都存在支持证据，有人提出了双通道级联模型（dual route cascaded model，DRC）。该模型认为，直接通达与语音中介两种方式并存，每种方式都有机会决定词义的通达。词频、阅读者的熟练度以及词汇的加工深度这三个因素共同决定了词汇识别是由哪种方式决定的（Coltheart et al., 1993）。

DRC最大的局限在于它仅关注了视觉通道的词汇认知加工，忽略了听觉通道的词汇认知加工，无法解释听觉通道以及跨视听通道的一些认知加工现象。在它的基础上增加听觉通道的词汇认知加工，并且在视觉与听觉通道上分离亚词汇水平和词汇水平，就形成了双通道交互激活模型（bi-modal interactive activation model，BIAM）。该模型认为词汇识别涉及两个通道，分别是视觉加工通道和语音加工通道，每个通道上都自下而上地涵盖了知觉（听觉或视觉）特征、亚词汇水平、词汇水平等加工过程，最终通达词汇的意义。在这个过程中，视觉特征与听觉特征可以在各自加工路径的不同节点上建立交互作用。最终，词汇意义的识别是由词汇的视觉特征加工与听觉特征加工共同作用的结果（Grainger & Ferrand, 1994）。

三、语义整合的概念及其理论

显然，人类的语言理解并不仅仅局限于对单个词汇的特征及其意义的识别，而是更多地发生在语篇上。语篇指长度不一，但可以组合在一起表达完整意义的自然语言，既有书面的也有口语的（Halliday & Hasan，2013）。人类如何理解语篇的意义是一个十分重要的问题。语篇理解离不开语义整合，本节主要介绍语义整合的认知过程。

语义整合指的是把当前新接收的语料与之前的语料意义进行联结以形成连贯表征的过程。语义整合可以发生在不同水平，包括词汇水平、句子水平和篇章水平（Hagoort & Indefrey，2014）。

词汇水平的语义整合通常与词汇的关联强度或语义相似性等因素有关。如果两个词汇存在语义关联或者相似性，则其中一个词汇的激活将加快另一个词汇的词义通达（Collins & Loftus，1975；Hutchison，2003），而当两个词汇不存在意义关联却能够被整合成统一表征时，也会出现类似的结果（Feng et al.，2016；Mather et al.，2014）。有关词汇水平的整合的研究多采用启动范式，采用启动范式的研究中常将前一种启动（即语义关联的启动）称为语义启动，而将后一种启动（即没有语义关联的启动）称为整合启动。有研究表明，整合启动和语义启动是相分离的两个认知过程（Estes & Jones，2009），而且整合启动是自动加工的，不受主观控制（Mather et al.，2014）。对其神经机制的研究也证明了整合启动与语义启动间的分离，即整合启动与语义启动分别由两个神经通道负责：前颞叶（anterior temporal lobe，ATL）、颞上回前部（anterior superior temporal gyrus，aSTG）以及额下回前部（anterior inferior frontal gyrus，aIFG）形成了整合启动的神经通路；颞上回后部（posterior superior temporal gyrus，pSTG）、颞中回中部（middle portion of middle temporal gyrus，mMTG）、aSTG 以及 aIFG 则形成了语义启动的神经通路（Feng et al.，2016）。大量的事件相关电位（event-related potentials，ERP）实验表明，语义整合发生在 N400 时间窗，表明语义整合是即时发生的（张秀平等，2015）。

在句子水平，语义整合的任务是将当前出现的新词意义整合到已有的语义背景中，从而组成合理的语义表征。研究表明，语境线索有助于词义通达（Schuberth & Eimas，1977）。句子水平的语义整合不仅包括语义层面的整合，也包括句法层面的整合，这也就意味着，将一个新词整合到当前的语境背景中不仅需要考虑语义，还需要考虑句法的合理性。弗里德里希等（Friederici et al.，2003）的研究发现，与句法合理的句子相比，句法违反的句子更多地激活了双侧颞上回中部（middle superior temporal gyrus，mSTG），虽然语义违反也更多地激活了颞上回（superior temporal gyrus，STG），但相对于句法违反的激活，语义违反更多地激活了颞上回后部。另外，句子一致性也会影响额下回的激活程度，这表明额下回也参与到了语义整合过程中（Zhu et al.，2013）。

近年来，也有一些研究开始探究诸如篇章水平的更高水平的语义整合。例如，有研究表明，在篇章水平的语义整合中，内侧前额叶、左侧颞上沟、颞中回以及左侧额下回等脑区都有参与（Ferstl et al.，2008），颞中回和角回在篇章水平的语义整合中也表现出较高的激活水平（Xu et al.，2005）。

在这些研究工作的基础上，人们提出了两种理论模型来解释语义整合。双侧激活、整合和选择（bilateral activation, integration and selection，BAIS）模型认为，语义加工由激活、选择和整合三个阶段组成。每个阶段的神经机制也不同：语义激活主要依赖于双侧威尔尼克区（Wernicke's area），尤其是颞中回及颞上回，额下回则负责语义选择，包括颞上回前部、颞上沟延伸到颞中回和颞极的颞叶前部则承担了语义整合的任务（Jung-Beeman，2005）。记忆-整合-控制（memory-unification-control，MUC）模型却提出了一些不同的观点，该模型认为语言认知加工是由记忆、整合以及控制这三个成分构成的：记忆加工负责存储个体在语言习得过程中获得的语言学知识，之后，个体从记忆中提取出语言资料，并将之整合以形成不同的语义表征，这也意味着整合是根据上下文信息将语义单元组合成更高级的语义结构的过程，最后，控制成分负责与语言活动相关的动作执行与社会交互过程（Hagoort，2005；Hagoort & Indefrey，2014）。在 MUC 模型中，颞叶与顶叶的角回负责记忆成分，左侧颞叶下部的激活程度表现出空间上的梯度变化，这种梯度变化可能对应不同的内容整合（Hagoort，2005）。扣带回前部及背外侧前额叶皮层（dorsolateral prefrontal cortex，DLPFC）则主要负责包含语言表达计划和注意资源准备等的控制过程（Hagoort，2005）。

第二节 言语产生概述

言语产生是指人们利用语言表达思想的心理过程,包括从思想代码转换成语言代码再转换成生理的、运动的代码,即利用发音器官发出指代某种意义的声音(彭聃龄,2006)。言语产生包括口头言语产生与书写言语产生,其中,口头言语产生也叫作言语产生,本节分别从这两个方面简要介绍其中的认知过程。

一、口头言语产生

口头言语产生一般由三个过程构成(Roelofs,1992):①讲话者需要明确要用言语表达的概念,其主要任务是选择与传达目的有关的信息,该过程又被称为概念化(conceptualization)过程;②为所表达的概念选择适当的词汇,建立词汇的语义、语法结构和发音结构,即言语组织(formulation)过程;③发音(articulation)阶段,在这个阶段,说话者需要将选择的词汇通过一定的肌肉运动方式出声表达出来,主要包括内部言语组块的提取以及运动的执行过程。通过以上描述,我们可以理解口头言语产生的核心过程是将思想转换成词,再将词转换成声音输出,这个过程也被称为词汇通达(张清芳,杨玉芳,2003a)。目前较多的研究关注从词汇的语义水平到词汇的音韵形式之间的转换过程。

两步交互激活理论(two-steps interactive activation theory)认为,从语义到发音经历了以下步骤:语义特征节点的激活首先扩散到了相应的词节点,词节点的激活又进一步扩散到了音素节点;激活从一个阶段到达另一个阶段在时间进程上可以重叠,而且所有的联系都是双向的;接下来,发音就可以由激活程度最高的目标项决定(Dell,1986;Dell et al.,1997)。词形激活验证编码(word-form encoding by activation and verification,WEAVER)独立两阶段模型则认为,概念驱动的语义激活多个项目之后,最终只有一个激活项目被保留,只有它才能得到音韵上的编码(Levelt et al.,1999)。以上两个理论之间的不同之处在于,WEAVER模型认为言语产生与言语知觉可以共享概念与词条,但是音韵形式与词汇产生之间不存在双向联系。

目前两种理论都获得了一些行为学实验证据的支持(Dell et al.,1997;

Schriefers et al., 1990；张清芳，杨玉芳，2003a）。以 ERP 技术为代表的电生理研究采用单侧化准备电位（lateralized readiness potential，LRP）和 N200 作为因变量指标，发现语义信息的加工要早于音韵信息的加工（Schmitt et al., 2000, 2001），这意味着口头言语产生中的词汇通达是系列过程而非平行过程。脑成像研究的结果则表明，口头言语产生的脑区呈左偏侧化，概念驱动的词汇选择由颞中回中部负责；音韵代码的提取主要发生在威尔尼克区，音韵信息的编码过程则主要发生在布洛卡区（Broca's area）。只有语音编码和发音准备过程发生在双侧感觉运动区（张清芳，杨玉芳，2003a）。

同音词现象为考察词汇通达模型的争论提供了一个较好的素材。同音词指的是有不同意义、不同拼写或不同语法类别但具有同样发音的词（Caramazza et al., 2001）。根据 WEAVER 模型，我们不难发现，同音词应该共享同一个语音表征。然而，有关同音词表征模型的研究中，一些实验研究却出现了矛盾的结果：虽然这些实验采用了同样的研究范式，但一部分实验支持共享表征（Jescheniak et al., 2003），另一部分实验却反对共享表征，认为同音词与非同音词一样，都没有共享语音表征，而是独立表征的（Caramazza et al., 2001）。因此，研究者在这个问题上尚存不少争议，口头言语产生的过程究竟如何，尚待更进一步研究。

二、书写言语产生

书面语言产生是将思想以书写的方式表达出来的过程，它与口头言语产生的过程既有相似之处也有不同之处。书面语言产生在概念化过程与言语组织过程上是相似的，但在上述两个过程之后，书写言语产生主要依赖拼写编码、运动编码及运动执行过程（Galen, 1991）。一般而言，书写言语产生能力比口头言语产生能力的发展要晚很多，对儿童的心理发展基础的要求也更高。与口头言语产生的发展不同，书写言语产生能力是通过后天学习而来的。目前，学界对书写言语产生过程的研究较少，对汉字书写过程的研究则更少。

语音中介假设认为，书写过程必须依赖于先前的语音代码（王成等，2012）。针对书写障碍患者的神经心理研究和同音词替换错误（如将 their 写作 there）为语音中介假设提供了证据（王成等，2012）。在这个基础上，研究者进一步提出了语音中介的两类通路：一类是词汇联系通路，即语音系统首先激活词的语音表征，然后激活其对应的正字法表征，最终被书写出来；另一类则是亚词汇通路，首先提取单词中的音素及音素顺序，然后根据音形对应关系激活相应的正字法表征，从而完成书写动作（王成等，2012）。但是，正常人在书写过程中的一些现象却是语音中介假设所不能解释的，如英语单词"cake"中，字母"e"是不发音的，显然，这种情况下仅靠语音信息是无法激活相应的正字法表征的，但是人们几乎都能正确写出来。语音中介模型也难以解释一些现象，例如，有些脑损伤患者能够说出来图片名称，但是不能写出来；还有一些患者能够写出来图片名称，但是不能说出来。这些个案意味着口语产生与书写产生之间是双分离的（Miceli et al., 1997；Rapp et al., 1997），但是这种双分离现象似乎只在脑损伤患者身上发现。基于神经心理学的一些案例，一些研究者提出了正字法自主假设，认为书写过程中的正字法信息是从语义表征中直接激活的，不需要语音中介（Rapp & Caramazza, 1997）。看起来，这两类结果是矛盾的。王成等（2012）综述了有关书写言语产生的一些结果之后，认为这两者并不矛盾：在正常人的书写过程中，语音中介通路与语义—正字法通路都是存在的，但是患者由于存在脑损伤，其只能依赖于语义—正字法通路。

作为表意文字的代表，汉语在语言研究中具有其特殊性：首先，汉字是由笔画、偏旁和部件等成分构成的，它与拼音文字有明显的不同；其次，虽然大多数汉字为形声字，包含声旁与形旁，但是汉字中却没有音与形的对应规则，拼音文字不具有该特点；最后，汉字的语音单位是音节，带上音调，一共只有约1200个音节，相对于拼音文字来说是非常少的，这意味着语音信息在汉字中的重要性可能不如拼音文字。在书写语言产生中，汉字的这些特性可能会带来一些独特的认知加工过程。尽管汉字有着这么多的重要特性，但是在心理语言学研究中有关汉语书写产生的研究仍比较少（王成等，2012）。

对失写症患者的研究发现，汉字的基本书写单元是部件[①]，但是也有一些研究发现书写困难患者的书写错误是发生在二级部件水平上。在汉字书写过程是否需要语音中介的问题上，由于汉字书写过程中正字法代码与语音代码可以分离，屈

---

① 部件由笔画构成，是合体字的结构单位；一级部件是初步划分汉字的单位；二级部件则是介于部件和笔画之间的结构，是汉字在空间上可分离的最小单位。例如，汉字"想"，按一级部件可分为"相"和"心"，按二级部件则可以分为"木"、"目"和"心"（王成等，2012）。

等（Qu et al.，2011）采用图画词汇干扰范式，发现语音在汉字书写产生过程中存在早期激活，支持了语音中介假设。总之，目前有关汉字书写的研究还较少，还有待更进一步的探索。

第三节 语言发展概述

语言的理解与产生是大脑语言认知加工的重要组成部分。那么，人类的语言是如何获得的？语言的发展又经历了哪些变化过程？为什么错过了最佳的语言学习期，人类就很难再获得语言了呢？本节内容主要解答以上三个问题。

一、语言发展的理论

从生活经验出发，人们能直观地感受到掌握一门语言是相当难的一件事情。但是儿童在语言学习上展现出了非凡的能力：虽然他们有可能连一节正式的语言课程都没有上过，但是他们能快速地学会母语。儿童是如何学会母语的？在这个问题上，先天论者与经验论者的争论由来已久：先天论者认为，儿童习得语言"犹如鸟儿学会飞行"，它是人与生俱来的一种能力；经验论者则认为，语言能力是后天学习得来的。近些年来，也有人持交互作用的观点，认为语言获得是由先天的生理机能与后天的语言环境特点相互作用而形成的。

（一）先天论的观点

先天论者认为，人类的语言能力是生理发展的必然结果。乔姆斯基认为，人类与生俱来地具有一个语言处理器（语言习得机制，language acquisition device，LAD），可被语言输入激活，这个装置包含一个通用的语法规则，意味着儿童只要获得足够的词汇，就可以通过 LAD 将词汇组合成新的合适的言语产出物，并且能够据此理解他所听到的语句（Shaffer & Kipp, 2014）。丹·斯洛宾也持有类似的观点，他认为儿童先天地具有一种语言制造能力（language-making capacity，LMC）（Shaffer & Kipp, 2014）。不管是 LAD 还是 LMC，儿童都具备一种语言知识，这种语言知识描述了语言的普遍特征,只要语料输入足够多,儿童就可以习得语言（Shaffer & Kipp，2014）。

先天论者的观点获得了一些证据的支持。例如,有研究发现,大脑中存在一些专门化的语言处理中心,如布洛卡区、威尔尼克区。对新生儿的一些研究也发现,在刚出生时,婴儿大脑的左半球就表现出对言语声音的特异性电活动（Miller & Eimas，1996；Vargha-Khadem & Corballis，1979）。还有研究发现,从出生到青春期,人类学习语言最容易,似乎在语言习得过程中存在一个语言发展的关键期。关键期假设获得了较多证据的支持：儿童失语症者常常不需要接受特殊治疗即可以恢复语言功能,而成人失语症者则需要接受相当长时间的治疗才能恢复一部分语言技能（Lenneberg，1967）；对第二语言习得的研究也发现,相对于3—7岁就移民至美国的亚裔,青春期后的亚裔移民的英语能力要差很多（Johnson & Newport，1989）；一些研究也发现,童年期习得第二语言的双语者与成年期习得第二语言的双语者的大脑激活区域也不同（Fabbro，2001）。

（二）经验论的观点

经验论者认为,模仿与强化是儿童习得语言的主要过程。行为主义的代表人物斯金纳这样解释儿童的语言习得过程：成人最初是选择性地强化了婴儿咿呀声中某些语音,使得这些语音重复出现的概率提高,这种强化不断地循环,从而塑造了儿童的言语。类似地,个体将声音组合成词、将词组合成句子的过程也是如此,强化与模仿过程塑造了儿童的语言活动。尽管看起来经验论与我们的直观感受相符,也确实能够解释较多的语言发展问题,但是经验论在对人类句法习得过程的解释上尚存在困难。有些研究者认为,还没有足够的证据证明儿童通过模仿成人的言语而习得语言,他们还发现,家长对儿童语言活动中的强化主要是基于语义上的真实而非句法上的正确（Shaffer & Kipp，2014）。例如,在认识"猫"的过程中,如果儿童说"喵喵……猫"（语义上能表达他看见了猫,但语法上是不正确的）,家长可能会强化："对,那确实是只猫。"相反,如果儿童说"那是一只狗"（句法正确,但是语义上表明儿童认错了）,家长则可能会纠正他。这些发现质疑了经验论的观点。

（三）交互作用的观点

交互作用的观点认为，先天论与经验论在某种程度上都是正确的，语言发展是个体在先天的生理基础与后天复杂多变的语言环境的交互作用过程中习得的。交互作用的观点认为，人类先天的生理基础并不是 LAD 或者 LMC，而是人类的大脑。随着大脑的发育成熟，儿童逐渐具备习得语言的生理基础（Shaffer & Kipp，2014）。同时，儿童在社会交互中也会用各种方式表达自己的想法，由此促进了他们的语言产生和发展（Hoff & Naigles，2002）。这种社会交互模式随着儿童智力的发展而变得越来越复杂，如图 1-1 所示，儿童与社会互动所带来的影响是交互的：儿童早期所做的交流尝试会影响到同伴或家长的言语，反过来，这种言语活动也给儿童提供了更好的语料，促进其大脑言语中心的发展，使其能更好地推断句法规则，说出更清晰、更符合规则的话，这一切又会进一步影响同伴或家长的言语活动（Tamis-LeMonda et al.，2001）。

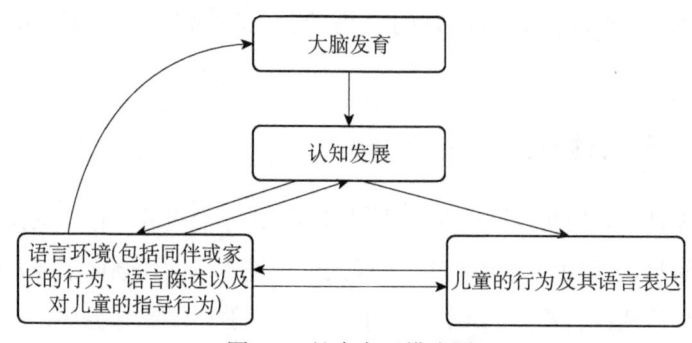

图 1-1　社会交互模式图

资料来源：Shaffer D R，Kipp K. 2014. Developmental Psychology：Childhood and Adolescence（9th edition）. Belmont：Wadsworth Cengage Learning

二、语言发展的主要阶段

本节主要从前语言时期、单词句时期、电报句时期、学前期以及童年中期和青少年时期等方面分别简述人类的语言发展。

（一）前语言时期

10—13 个月大的婴儿处于语言发展的前语言阶段。这个阶段的婴儿尚不能说话，但是他们已经具备对言语产生反应的能力。这个时期的婴儿能够很容易地区分言语声音与其他声音（Shaffer & Kipp，2014），他们还表现出对母亲的声音模式的偏好，对母语的反应也更敏感（Moon et al.，1993）。婴儿对语调线索也更敏感（Fernald & Morikawa，1993），甚至能比成人更好地分辨音素差异（Thiessen & Saffran，2003）。

婴儿在 2 个月左右大的时候就可以发出一些类似元音的声音。全世界的婴儿在 6 个月大时的发音听起来都很相似，一直到 10—12 个月，婴儿才能在特定的场合发出特定的声音，看起来，婴儿已经意识到了特定的语音是有其特定意义的。婴儿学习语言的能力非常强，他们在不到 1 岁的时候就能意识到说话要交替进行，1 岁左右时，他们理解的语言也比他们能说出来的语言要多得多，意味着这个时期婴儿的接受性语言已经超过了产生性语言（Shaffer & Kipp，2014）。

（二）单词句时期

幼儿在这个阶段的特点是能说出单个的词，往往采用一个词来代表一个句子的意思。在早期，幼儿的词汇量增长缓慢，然而到了 18—24 个月大，幼儿会出现一个叫"命名爆炸"的词汇量迅速增加的时期。大多数情况下，幼儿能通过一个"快速匹配"的过程习得词汇的意义，但是这个阶段的幼儿学习物体的名字要比学习动作与活动的名字更容易。18—20 个月大的幼儿只能学会那些与讲话者共同关注的物体或活动的名字，但到了 24—30 个月大时，幼儿就能够推断讲话者谈论的新对象了。

这个时期的幼儿善于利用一些社交线索和背景线索来推断词汇的意义，他们还采用一些诸如物体范围限制（object scope constraint）、互斥限制（mutual exclusivity constraint）、词汇对比限制（lexical contrast constraint）、句法引导（syntactical bootstrapping）等认知策略推断词汇的意义。虽然这个时期的幼儿能快速地学习词汇的意义，但他们也很容易犯诸如过度扩展（overextension）、扩展不足（underextension）等语义错误（Shaffer & Kipp，2014）。

（三）电报句时期

从 18—24 个月大开始，幼儿逐渐能够将单个的词组合成简单的句子。这个时期的简单句只包含表达关键信息的词汇，如名词、动词以及形容词，而省略了一些其他的修饰词，就像电报一样，因此这一时期幼儿所说的句子也被称为"电报式言语"，这一时期也被称为电报句时期。普遍的观点认为，这一时期的幼儿由于自身的加工和生成限制，他们只能说出非常短的言语，所以他们会重点强调那些能够有效沟通的关键词汇。这种解释也在俄罗斯语、土耳其语中得以印证：这两个国家的儿童在很小时就能说出简短但句法正确的句子，因为这两种语言更重视一些小的语法标记（Shaffer & Kipp，2014）。

这一时期的幼儿开始意识到语用限制，他们能够意识到当听者对他们所说的内容不理解时，他们需要说得更有指示性；他们还初步具备了社会语言学的一些规则，如知道礼貌用语（Shaffer & Kipp，2014）。

（四）学前期

2.5—5岁，儿童的语言能力呈爆发式发展。西方研究者以英语语言作为研究对象，发现儿童在3岁左右就已经学会使用所谓的语法词素来使得句子表达的意思更完整（如使用"-ing"后缀表示现在进行时态）。但是，这个时期的儿童在学会一个新的语法词素以后也很容易犯过度扩展的错误，如学会了复数规则（-s）后，他们可能会将它用于不规则名词上。这个时期的儿童还学会了转换语法（transformation grammar）规则，能够在陈述句、疑问句、否定句等不同句型间进行转换。3岁左右的儿童已经可以使用复杂句子了，到了学前期末，即5—6岁时，儿童已经可以使用大多数语法规则，在句法规则方面已经与成人无二。

在语义理解和使用方面，这个时期的儿童开始能够理解和表达对比关系了，如高矮、大小等对比关系词，你、我、他等指示代词。在语用上，儿童已经开始理解言语的一些潜在含义并使用它。他们还能意识到说话的内容与方式是需要随听者的不同而变化的。在与人沟通时，儿童也能够根据自己接收到的模糊或不清楚的信息而要求说者澄清，但是他们还不擅长发现信息的含糊之处（Shaffer & Kipp，2014）。

（五）童年中期和青少年时期

尽管学前期儿童的语言能力有了长足的进步，但是在6—14岁，儿童的语言能力有了很多重大的进步。这个阶段，儿童的句法能力得到进一步发展，他们学会了句法规则中的一些例外情况，也逐渐掌握了母语中最复杂的语法结构。他们在习得构词法（以英语国家的研究为主）后，词汇量进一步增长，能够获得大量的抽象词汇。随着儿童元语言意识（metalinguistic awareness）①的觉醒，他们逐渐能够从所获得的语言信息中做出语言推断。随着社会交互活动的增多、认知能力的发展，其社会语言学知识不断增加，使得其语用知识也获得了长足的进步，表现为他们的社会沟通技巧与能力得到了进一步的发展（Shaffer & Kipp, 2014）。

三、语言习得的关键期假说

关键期假说（critical period hypothesis）最早是由蒙特利尔的神经科学家彭菲尔德（Penfield）与罗伯茨（Roberts）于1959年提出的，并于1967年由列尼伯格（Lenneberg）在语言生物学基金会中推广。该假说主张，2岁至青春期（12—14岁）是语言习得的最佳时间段，在此时段内，如果语言刺激足够丰富，习得语言就是一件自然而轻松的事情；一旦错过这个时间窗口，习得语言就需要个体付出更多的努力。对于关键期假说，支持者与反对者皆有之。尽管大多数学者认可语言习得关键期作为一种现象是存在的，但仍然欠缺有效的证据证明该现象的存在，也还不清楚其原理与实质。

列尼伯格（Lenneberg, 1967）从大脑偏侧化的角度给出了关键期假说的依据。他认为，人脑从2岁开始呈偏侧化发展，这个时期的语言习得是"全脑"的，大约在青春期时，大脑会完成偏侧化发展，这时的语言习得则主要由左脑负责，显然大脑偏侧化的"半脑"式语言习得远不如"全脑"式语言习得更高效。麦克温尼（MacWhinney, 2005）则反对此观点，认为其实并没有所谓的语言习得的关键期，关键期现象中的第二语言习得缺陷（如僵化）主要是因为母语的负迁移。德凯泽（DeKeyser, 2013）综述多项研究后提出，在语言习得上存在年龄效应，即随着年龄的增长，个体的语言学习能力逐渐下降，语音层面受年龄效应影响的范围较广，认可该现象的学者也最多，而词汇习得受年龄效应的影响则最小。

---

① 元语言意识是有关语言及其特性的知识，是对语言可用于沟通之外的目的的理解能力。

第二章

语言的脑神经基础

　　语言是人类特有的一种极为复杂的生理和认知活动。大脑需要通过不同的信息通道对其接收到的外部信息，如听觉信息或视觉信息等进行加工，同时还需要对字、词、句以及语句内部暗含的句法和语法信息进行分析与综合。这些过程都需要大脑多个脑区的分工协作才能完成，其工作机制复杂而又神秘。本章将从脑的科学认识、语言的中枢机制和语言脑神经机制的研究趋势三个方面集中探讨语言的脑神经基础。

第一节　脑的科学认识

人的心理活动是看不见、摸不着的，也是说不清楚的，而心理活动的物质载体，即人脑却是客观存在、可观察的。各类科学家都在孜孜不倦地探索大脑的奥秘：哲学家试图理解"思维的脑"或"脑的思维"；物理学家试图理解"物理的脑"或"脑的物理学"；生物学家试图理解"生物的脑"或"脑的生物学"；计算机专家试图理解"计算的脑"或"脑的计算"；等等。各类科学家都在探索和研究脑，毋庸置疑，这将大大推动脑科学的发展，有利于人类进一步揭示大脑的奥秘。

一、脑功能学说

脑科学研究的基本内容是阐明大脑的结构与功能，揭示各种神经活动的规律，在分子、细胞、整体乃至心理等方面研究其机制，以及探讨大脑系统种种疾患的预防和诊治。由于大脑结构的复杂性及功能的特殊性，对这一器官进行研究存在相当大的困难。从古至今有很多人想要了解并说明大脑的结构和功能，其中最有影响力的学说有定位说（localization theory）、整体说（wholistic theory）、机能系统说（theory of functional system）、模块说（module theory）。

（一）定位说

脑功能的定位说始于高尔（Gall）和施普茨海姆（Spurzheim）提出的颅相说（phrenological theory）。高尔将颅骨的外部特征与个体行为的某些方面联系起来。他们通过观察头骨某一部位的外形特点，即可断定该部位皮层的发展情况，从而判断个体在某一方面的能力强弱。他们罗列了许多独立的心理能力，认为这些能力分别属于大脑不同部位的功能，并称这些部位为其相应的器官。例如，顶骨后下角的皮层区是好斗性的器官；后上方头骨下的皮层区是自尊性的器官；头两边后上部头骨下的皮层区可能是谨慎性的器官；小脑是淫欲的器官；等等。

现在看来，颅相说有很多局限性。首先，颅相说中提及的许多官能没有精确的定义，且无法对其进行定义；其次，现代解剖学研究提示颅骨的某些外部特征与皮层的发育程度不是严格对应的，因此，不能用颅骨的外部特征来推测大脑的发育程度，更不能以颅骨的外部特征来说明人的能力的高下。但颅相说把人的心理官能与颅骨的外形特征联系起来，并试图揭示它们之间的对应关系，因而对后面的脑功能定位研究起到了很大的推动作用。

对失语症患者的临床研究是真正意义上的定位说的开始。布约（Bouillaud）于1825年提出了语言定位于大脑额叶的观点，他认为人们一般用右手书写、绘画、击剑，对这些行为的控制可能是左半球。1861年，布洛卡（Broca）在对智力正常但表现出发音困难的语言障碍患者进行尸检时发现，这些患者在左额叶相同区域有病变，因此他推测负责语言运动的脑区应该定位在额下回后部的44、45区，即布洛卡区。随后，威尔尼克（Wernicke）观察到了一种新的失语症，表现为大脑左半球颞上回损伤的患者能够流畅地说话，但所说的话没有意义，患者能听到别人的话，但不理解话语的内容，于是他推测这一区域的主要作用是语言理解，因此这一区域被命名为威尔尼克区。这一系列脑功能区的发现使人们相信，语言是特定脑区的功能。

20世纪四五十年代，定位说得到了进一步发展。加拿大医生彭菲尔德（Penfield）用微弱的电流刺激患者的颞叶之后，患者能回忆起童年时的一些事情，这说明记忆可能定位于颞叶。另外，其他研究者发现，海马与记忆有关，杏仁核与情绪有关，下丘脑与进食和饮水有关，这些发现都推动了脑功能定位说的发展。

（二）整体说

在定位说风行的时候，另一些学者提了脑功能的整体说。弗鲁伦（Flourens）从1825年起采用局部损毁法对鸡和鸽子等动物的大脑进行了一系列实验，通过切除动物大脑的一部分，以观察动物的行为表现。结果发现，在切除小块皮层后，动物开始很少运动、不吃不喝，但随着时间的推移，动物能逐渐康复到接近正常的情况。弗鲁伦进行了许多实验，结果都是这样。根据这些发现，他认为，不存在皮层功能的定位，皮层功能的丧失与皮层切除的大小有关，而与特定的部位无关。如果所有皮层都被切除，那么各种智力功能都会丧失；如果有足够的组织被保留下来，那么所有的功能就都可以康复。弗鲁伦强调脑功能的整体性，对高尔提出的颅相说进行了批评。但他所用的实验动物都没有新皮层，而且他所说的动物智能和高尔所说的人的智能是完全不一样的。

20世纪中叶，整体说重新引起人们的注意。最著名的代表人物是莱舒里（Lashley）。20世纪初，莱舒里采取脑毁损技术用白鼠进行了一系列走迷宫的实验。结果发现，大脑损伤后的白鼠在迷宫实验中出现行为障碍，这种障碍与脑损伤的部位无关，而与损伤面积的大小有密切关系。由此，莱舒里引申出了两条重要的原理：均势原理和总体活动原理。按照均势原理，大脑皮层的各个部位几乎以均等的程度对学习发生作用；按照总体活动原理，大脑是以总体发生作用的，学习活动的效率与大脑受损伤的面积大小成反比，而与受损伤的部位无关。

（三）机能系统说

第二次世界大战期间，鲁利亚（Luria）及其同事对因战争造成大脑损伤的患者进行了大量的临床观察和训练。鲁利亚指出，传统的定位说把人的心理活动分割为独立的机能，并且把这些机能与大脑某一严格限定的部位联系起来，这种做法是错误的。鲁利亚观察到大脑一定部位的损伤往往会导致某种综合征或一系列障碍，而不是导致某一孤立的心理机能的丧失。可见，某种心理机能的障碍，除受大脑损伤部位的直接影响外，还受其他脑区的影响。鲁利亚在进行机能恢复的训练工作时还发现，与脑损伤部位相联系的某些基本生理机能是难以恢复的，但借助于机能改造的方法，却可以使一些比较复杂的心理机能得到恢复。

根据这些研究，鲁利亚认为，大脑是一个动态的结构，是一个复杂的动态机能系统。在机能系统的个别环节受到损伤时，高级心理机能确实会受到影响。鲁利亚把大脑分成三个互相紧密联系的机能系统。

第一机能系统是调节激活与维持觉醒状态的机能系统，也叫动力系统，由脑干网状结构和边缘系统等组成。它的基本功能是保持大脑皮层的一般觉醒状态，提高它的兴奋性和感受性，并实现对行为的自我调节。第一机能系统并不对某种特定的信息进行加工，但却提供了各种活动的背景。当这个系统受到损伤时，大脑的激活水平或兴奋水平将普遍下降，并会影响个体对外界信息的加工和对行为的调节。

第二机能系统是信息接收、加工和存储的系统。它位于大脑皮层的后部，包括皮层的枕叶、颞叶和顶叶以及相应的皮层下组织。它的基本作用是接收来自机体内外的各种刺激（包括听觉、视觉、一般机体感觉），实现对时空信息的整合，并把它们保存下来。

第三机能系统也叫行为调节系统，是编制行为程序、调节和控制行为的系统。它包括额叶的广大脑区。它的基本作用是产生活动意图，形成行为程序，实现对复杂行为的调节与控制。当这些脑区受到破坏时，患者将产生不同形式的行为障碍。例如，有的研究证明，前额叶皮层受到损伤的患者将丧失计划与组织行动的能力，不能将行为的结果与原有的计划和目的进行对照，也不能矫正自己的行为。

鲁利亚认为，人的各种行为和心理活动是三个机能系统相互作用、协同活动的结果。其中，每个机能系统又起着各自不同的作用。鲁利亚的研究，特别是其关于心理机能定位的研究丰富和发展了脑功能的理论，引起了各国心理学家和生理学家的普遍重视。

（四）模块说

模块说是 20 世纪 80 年代中期在认知科学领域中出现的一种重要理论（Fodor，1983）。模块说认为，人脑在结构和功能上是由高度专门化并相对独立的模块组成的。这些模块复杂而巧妙地结合，是实现复杂而精细的认知功能的基础。模块理论认为，人脑所形成的功能模块是一种快速、特异的信息加工单位，人脑是由在神经系统的各个水平上进行活动的子系统以模块形式组织在一起的，大脑中多种离散分布的特定区域的联合产生了复杂的心理活动。认知神经科学领域许多新的研究成果都支持模块说。

二、脑神经网络学说

人脑是自然界中最复杂的系统之一,在这个系统中,多个神经元、神经元集群或者多个脑区相互连接成庞杂的结构网络,并通过相互作用完成脑的各种功能。随着神经科学和认知科学的发展,以及研究技术的不断发展与成熟,人们越来越认识到:各种心理活动,特别是一些高级复杂的认知活动(如记忆、语言、面孔识别等),都是由不同脑区协同活动构成的神经网络(neural network)来实现的,这些脑区可以通过不同的神经网络参与不同的认知活动,并在这些认知活动中发挥不同的作用。一些神经科学家发现,利用结构磁共振成像(structural magnetic resonance imaging,sMRI)、扩散磁共振成像(diffusion magnetic resonance imaging,dMRI)等成像技术构建的大脑结构连接网络,或者采用脑电图(electroencephalogram,EEG)、脑磁图(magnetoencephalography,MEG)和功能磁共振成像(functional magnetic resonance imaging,fMRI)数据构建的脑功能网络具有很多重要的拓扑性质,如"小世界"属性(Bullmore & Sporns,2009;Zhou et al.,2006)。另外,研究者发现,许多神经精神疾病(如阿尔茨海默病和精神分裂症等)与脑结构和脑功能网络的拓扑性质的异常变化有关(Alexander-Bloch et al.,2013)。于是研究者提出了"人脑连接组"(human connectome)的概念,力图从宏观(大脑脑区)到微观(单个神经元)的各个层次,全面而精细地刻画人类从总体到个体水平的大脑结构网络,并扩展到大脑功能网络。2005年,斯波恩(Sporns)等指出,人脑连接组可以从三个空间尺度,即微尺度(microscale)、中间尺度(mesoscale)和大尺度(macroscale 或 large-scale)(分别代表神经元、神经元集群和大脑脑区三个水平)上进行研究,但鉴于现有的技术手段,目前该领域的研究主要集中在大尺度水平上(Sporns et al.,2005)。

以脑功能网络研究为例,在 fMRI 研究中,研究者一般将图像体素(10^4—10^5 量级)或根据先验模板划分得到的脑区定义为网络节点;而对于自发及诱发的 EEG 及 MEG,则一般将记录电极或磁通道定义为网络节点。脑功能网络的连接就是指不同网络节点记录的神经活动信号之间的动态协调性,这种协调性通常采用功能连接和有效连接两种计算方法来定义。

目前，研究者一致认为存在以下几种脑功能网络。

1）默认模式网络：在个体处于清醒、静息状态下，不专注于外界时，默认模式网络就会活动。在有外界刺激的常规任务实验中，该网络则处于去激活状态（抑制状态）。这一网络涉及的主要脑区包括前额叶中内侧、前扣带回、后扣带回及两侧顶下小叶等。其确切的功能和意义尚不清楚，但很多研究发现其与大脑对内外环境的监测、情节记忆及自我意识密切相关。该网络的重要特性之一是其负激活程度随着个体对任务的认知难度的增加而增大，简单的运动及视觉任务对其活动程度没有影响（Raichle et al., 2001；Zhang & Raichle, 2010）（图2-1）。

2）控制网络：全名叫执行控制网络，又叫中央控制网络或者背侧网络。该网络包括内侧前额叶皮层、下额叶和下顶叶等多个区域，其核心区域为背外侧前额叶皮层。这些脑区多和活动抑制、情绪等功能相关。控制网络参与了多个高级认知任务，并在适应性认知控制中扮演了重要角色（Seeley et al., 2007）（图2-1）。

3）背侧注意网络：也叫视空间注意网络或任务正网络。它与默认模式网络相互对立、互成拮抗。背侧注意网络的功能是提供自上而下的注意定向。在实验室环境中，如果线索提示了何时、何处、以何种形式进行反应，那么背侧注意网络就会持续地活动以保证任务的完成（Vincent et al., 2008）。

4）突显网络：布鲁塞尔和梅农（Bressler & Menon, 2010）认为，突显网络负责调控与认知功能相关的多种网络之间的转换，如控制网络与默认模式网络之间的转换，并调节个体对内部及外部刺激的注意。根据该模型，前脑岛（anterior insula, AI）接收感觉系统及边缘系统的输入，然后发送相关控制信号到前扣带回皮层（anterior cingulate cortex, ACC）以调节行为，并发送相关信号至中后部脑岛以更新状态。突显网络包括前脑岛和前扣带回皮层；默认模式网络包括腹内侧前额叶皮层（ventromedial prefrontal cortex, VMPFC）及后扣带回皮层（posterior cingulate cortex, PCC）；控制网络包括背外侧前额叶皮层及后顶叶皮层（posterior parietal cortex, PPC）（图2-1）。

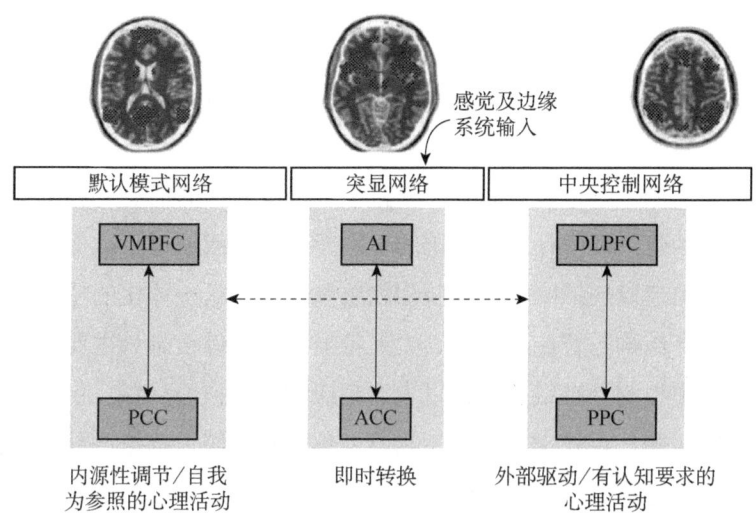

图 2-1 与认知有关的脑功能网络

资料来源：Bressler S L，Menon V. 2010. Large-scale brain networks in cognition: Emerging methods and principles. Trends in Cognitive Sciences，14（6），277-290

尽管目前世界各国科学家已经非常重视复杂脑网络领域的研究，并产生了一批重要的研究成果，但是由于脑网络分析技术的不成熟以及对多模态数据采集认识的不足，这一领域仍然存在诸多亟待解决的问题，神经网络的研究还有很长的一段路要走，但对于脑结构和脑功能网络的研究必将极大地促进人们对于大脑信息处理模式和各种认知功能的工作机制的理解，且有利于人们探讨疾病导致的脑神经结构和活动的异常。

三、类脑研究

近年来，随着大脑成像、脑机交互、生物传感、大数据处理等新技术的不断涌现，脑科学与计算技术、人工智能、纳米材料、认知心理等学科逐渐交叉融合，正酝酿着重大理论与技术突破，类脑研究上升为西方发达国家的科技战略重点，大国间竞争博弈日趋激烈。美国、欧盟、日本等相继提出脑科学计划，类脑研究皆被列为其中的重要内容。我国科技部在2021年启动了科技创新2030重大项目——"脑科学与类脑研究"，类脑与脑机智能也属于其中的核心内容。

现阶段，人们对大脑的认识还十分有限，类脑研究为人类认识大脑打开了一扇全新的窗口。尽管人们对神经元如何编码、转导和储存神经信息有比较清晰的认识，但是尚不了解神经信息如何产生感知觉、情绪、抉择、语言等各种脑认知功能。建立多种信息手段对大脑进行观测、反馈、分析、仿真、验证等，推进人们对脑机制的理解，是近年来国际学术界的一个重要的新趋势。

类脑研究是以"人造超级大脑"为目标，借鉴人脑的信息处理方式，模拟大脑神经系统，构建以数值计算为基础的虚拟超级脑；或通过脑机交互，将计算与生命体融合，构建以虚拟脑与生物脑为物质基础的脑机一体化的超级大脑，最终建立新型的计算结构与智能形态。其主要特征包括：以信息为主要手段，用信息手段认识脑、模拟脑乃至融合脑；以人造超级大脑为核心目标，包括以计算仿脑为主的虚拟超级脑，以及虚拟脑与生物脑一体化的超级大脑这两种形态；以学科交叉会聚为突破方式：不单是计算机与神经科学交叉，还需要与微电子、材料学、心理学、物理学、数学等大学科密切交叉会聚，才有更大机会取得突破。

类脑研究的主要内容可归纳为三个方面：信息手段认识脑、计算方式模拟脑、脑机融合增强脑。

1）信息手段认识脑。大脑能够实现感知、运动、思维、智力等各种功能，由于其复杂性，目前人们对大脑的认识与理解还非常有限，亟待引入各种新手段、新方法。该研究内容聚焦脑认知功能神经环路结构、功能及其可塑性机制等关键科学问题，以信息技术为核心手段，解析脑认知功能的神经环路结构、信息传播方法以及神经功能机制，全面突破类脑模拟的神经基础，为类脑研究提供坚实的基础理论与关键技术，具体包括基本神经环路的结构与功能解析、大脑感知与认知功能的信息处理机制、全脑神经连接图谱绘制以及新型的脑神经活动观测技术及设备等。

2）计算方式模拟脑。基于传统架构的计算系统面临着能耗高、算法构造困难等问题，与传统计算机相比，人脑能够以极低能耗处理多种不同类型的智能任务。该研究内容通过借鉴大脑神经系统的结构及信息处理机制，设计具有更好生物逼真性与低功耗的类脑器件与类脑芯片，突破类脑的非冯·诺伊曼架构、自主学习和进化的类脑算法，从而建立机制类脑、行为类人的新型计算模式与智能形态，具体包括新型的类脑器件、类脑芯片研制、类脑计算体系结构、类脑计算机及系统、神经形态模拟与学习理论、多尺度大脑认知功能模拟等。

3）脑机融合增强脑。近年来，建立在对生物脑工作机制的有效理解和机器智能高度发展基础上的双脑融合技术有了显著发展。脑机融合聚焦人类智能和机器智能的有机融合增强，构建能发挥生物脑与机器脑优势互补的生物与信息融合智能体系，基于对大脑调控机制的不断深入了解，发展脑智调控的新方法、新技术，实现大脑功能潜力的开发、损伤功能的修复以及大脑感认知的融合增强，具体包括脑信息获取与脑智调控技术、新型脑机交互及编解码方法、感知觉增强的脑机融合、记忆/学习等认知增强的脑机融合等。

目前，类脑研究取得了很多进展。

2017 年，7T 磁共振仪获得美国食品药品监督管理局的临床应用认证，能够在亚毫米尺度解析皮层功能柱、皮层亚层以及皮层下核团等精细结构和功能单元的神经活动。脑深部刺激技术已经被稳定用于治疗特发性震颤、帕金森病等疾病，2018 年，美国加利福尼亚大学旧金山分校的研究表明，开环眶额叶皮层深部脑刺激能够实现有效的情绪调控，显著改善不良情绪。聚焦超声神经调控技术由于具有非侵入式的优点，在近几年受到了越来越多研究者的关注，最近研究结果表明，超声波辐射力能影响大脑活动与治疗疾病。近年来兴起的光遗传学技术能够让研究者使用光来操控某一类神经元，已被广泛用于神经科学研究。目前，国际上的精准光操控技术可刺激深度在 100—220 微米的神经元，成为观测和调控大脑的重要手段。

近年来，国际上有关模拟脑的主要工作是用特定芯片构建大脑仿真系统。国际商业机器公司（International Business Machines Corporation，IBM）基于在超级计算机上进行大脑皮层仿真，于 2014 年开发了神经拟态芯片 TrueNorth，采用成熟的互补金属氧化物半导体（complementary metal oxide semiconductor，CMOS）集成电路工艺，每片包含 100 万个神经元和 2.56 亿个突触连接。欧盟脑计划则支持两个神经拟态计算系统：英国曼彻斯特大学的 SpiNNaker 和德国海德堡大学的 BrainScaleS。2019 年，清华大学成功研制出国际上首款异构融合的类脑芯片"天机芯"，支持人工神经网络和脉冲神经网络的混合架构，单芯片支持 4 万神经元和 1000 万突触。浙江大学牵头研制的"达尔文"神经拟态类脑系列芯片模拟神经元带泄漏整合发放模型（leaky integrate-and-fire model，LIF 模型），具有比传统神经网络更强的生物真实性。

脑智调控作为一种特殊的脑机融合方式，通过外界干预生物神经系统，有望实现运动功能和感知功能（如视觉）的神经修复以及脑认知功能（如记忆）的增强，对于医疗健康领域具有重要的研究意义。在行为增强方面，2016年，一名在运动和感觉皮层植入电极的志愿者成功利用意念控制的机械手臂和时任美国总统奥巴马"握手"；2019年，加州理工学院的研究人员在患者后顶叶皮层植入电极，实现了用意念控制机械手完成喝啤酒动作。在感知增强方面，2016年，美国匹兹堡大学的研究团队利用颅内微电流刺激一位瘫痪患者初级感觉皮层中手指与手掌对应的区域，使得患者在瘫痪后重获触觉。在认知增强方面，2018年，美国宾夕法尼亚大学和南加利福尼亚大学相继通过双向闭环脑机接口技术，通过对外侧颞叶皮层和海马区神经通路的电刺激，有效提升了人的短期记忆效果，有望进一步实现记忆等脑认知功能的增强。

第二节　语言的中枢机制

语言活动各个环节是皮层许多部位协同活动的结果。早期研究者对言语所依赖的中枢机制的认识主要是通过研究脑病变患者实现的。近年来，神经科学领域的迅猛发展极大地推进了人们对语言加工和语言学习的脑神经机制的了解。

一、语言的中枢

（一）运动性语言中枢

运动性语言中枢位于中央前回下部，额下回后1/3处，该区域参与分析与语言有关的肌肉性刺激。运动性语言中枢受损后，患者与发音有关的肌肉虽未瘫痪，却丧失了说话的能力，临床上称之为运动性失语症。

（二）书写中枢

书写中枢位于额中回后部。书写中枢受损后，患者的写字、绘画等精细运动会发生障碍，但其他的运动功能仍然保存，临床上称之为失写症。

（三）听觉性语言中枢

听觉性语言中枢位于颞上回后部。该区域参与调整个体自身的语言以及听取和理解别人的语言。听觉性语言中枢受损的患者能讲话，但说的话混乱而割裂，能听到别人讲话，但不能理解讲话的意思（听觉上的失认），对别人的问话常常答非所问，临床上称之为感觉性失语症。

（四）视觉性语言中枢

视觉性语言中枢位于顶下叶的角回，靠近视觉中枢。视觉性语言中枢受损的患者视觉无障碍，但由于角回损伤，患者的视觉意象与听觉意象失去联系，即当前的视觉信息不能与长期记忆中的听觉信息建立联系，从而导致受伤前能够识字的患者受伤后不能阅读，失去对文字符号的理解能力，临床上称之为失读症。

二、语言加工的中枢机制

许多解剖学证据均表明，有些大脑皮层区与言语活动的不同功能有密切关系，这些区域主要有布洛卡区、威尔尼克区和角回等（图2-2）。

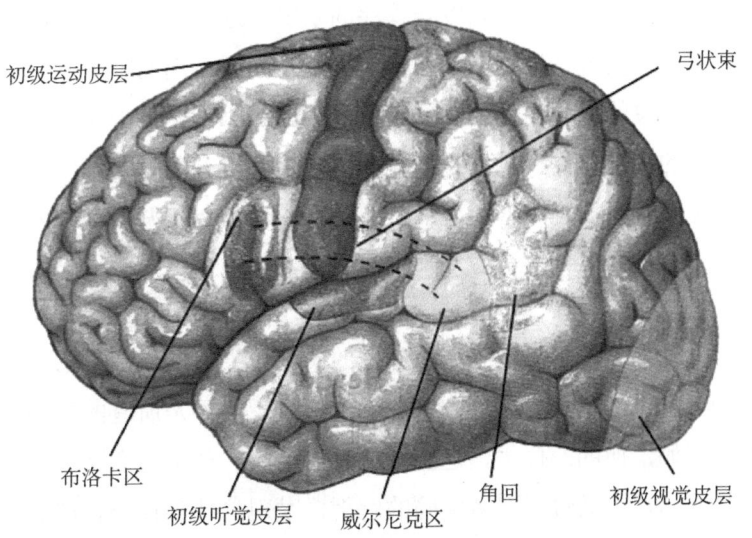

图 2-2 语言加工的相关脑区

资料来源：卡尔森. 2016. 生理心理学（第九版）. 苏彦捷, 等译. 北京：中国轻工业出版社

（一）布洛卡区

有言语功能障碍的人被称为失语症患者。1861年，法国医生布洛卡（Broca）接待了一位失语症患者。这位患者右侧身体瘫痪，只能说"tan"，而智力的其他方面正常。患者去世后的尸检结果表明，其左侧额叶受到损伤。布洛卡的另一位患者也有类似的语言障碍，他只能说五个单词，即"yes"、"no"、"three"、"always"和"lelo"（类似他自己的姓名）。布洛卡在患者去世后对他的大脑进行解剖检查，发现与前一个患者一样，其左侧额下回、靠近外侧裂的一个区域发生病变，因此，他推测正是这一区域决定了人的言语运动和表达，定位在额下回后部的44、45区，后来这一区域被称为布洛卡区，也就是言语运动中枢。

布洛卡区病变会引起运动性失语症或表达性失语症。这类患者的阅读、理解和书写能力均没有问题，但会表现出发音困难、表达迟钝、语句不完整、不流畅。这类语句不完整的缺陷，有的患者表现为语法缺陷、词类不全、断断续续；有的患者则表现为词语重复，不能说出流畅、连贯的话。比如，一位患者与牙医预约时会说"是的……星期一……爸爸和迪克"，"星期三……九点钟……十点钟……大夫……和……牙齿"，这说明他不能使用复杂的句法结构。

言语运动或表达，同身体其他部位的运动一样，是受皮层运动中枢支配的。有研究表明，布洛卡区具有编制发音程序的功能，这种程序通过皮层运动区支配发音器官各部位来实现言语活动。布洛卡区受损伤所引起的言语障碍，不再能刺激发音器官各部位的协同运动。这些现象产生的原因就是由于布洛卡区所具有的编制发音程序的功能丧失，也就是皮层不再能刺激发音器官各部位的协同活动。因此，尽管患者发音器官完整无损、功能正常，却也会丧失语言表达能力。

（二）威尔尼克区

在布洛卡发表失语症与其脑损伤部位的研究结果后不久，德国神经病理学家威尔尼克（Wernicke）也开始了相关的研究。他发现并不是所有的失语症都与布洛卡区有关。例如，他的一位失语症患者虽然说话流利却毫无意义，听力正常却不理解语意。威尔尼克通过对患者大脑的解剖，发现这些存在语言理解障碍的患者的受损脑组织位于大脑左半球的颞上回处，于是他推测这一区域的主要作用是语言理解，因此这一区域被命名为威尔尼克区。这一脑区位于大脑左半球顶-枕-颞交界处的颞上回，主要与分辨语音、形成语意有关，因而与接收或理解言语能力关系紧密。威尔尼克区实际上是言语的听觉中枢，这一部位的病变会引起接收性失语症，属于言语失认症的一种。

对语音的分辨是大脑左半球颞叶皮层次级区的功能，这个区域受损伤会引起语音不识症，即患者能听到声音，但不能分辨构成语言的复杂声音模式，如一位患者回答："我可以听到声音了，但不能把单词分离出来。"当颞上回此部位的三级区受损时，患者则会失去对语义的理解，即患者能复述和感知听到过的单词和声音的模式，但不能理解这些声音模式原有的符号价值。尤其当损伤部位涉及与颞叶接近的顶-枕部时，患者不能构成言语的"语义图式"，从而失去对语法结构的理解。例如，当让患者指一把汤匙时，他会说"spoon"，但手却指向另一件无关物体；也有些患者能分辨个别单词，但对整个词组感到莫名其妙。

与表达性失语症相反，接收性失语症患者说话时语音、语法正常，谈吐自由，语速很快，但所说的话没有意义。这说明言语理解与言语表达有着密切的联系，即布洛卡区的工作需要来自威尔尼克区的信息。当切断联系威尔尼克区和布洛卡区之间的神经纤维束（弓形束）时，患者虽然语言流畅、发音清晰，但由于没有来自威尔尼克区的信息，其丧失或部分丧失了理解语意的能力，表达的语意存在一定的缺陷。

（三）角回

角回位于顶-枕叶交界处、威尔尼克区的上方，是大脑后部的一个重要联合区，与言语视觉功能密切相关。因此，角回受损产生的是阅读障碍，又被称为视觉性失语症，即患者能说话，对口语也能理解，能看到字形，却不能理解字词的含义。

在这一区域，言语视觉与言语听觉有联系通路，书面语言与口语可互相转换。当看到单词时，单词的视觉信号要先从视觉初级区到达角回，然后被转译成听觉形式；而当听到单词时，由威尔尼克区接受的听觉模式也将被送到角回并被转译为视觉模式。因此，当角回受损伤时，患者能说话，对口语能理解，也能看到字形，却不能理解字词的含义，从而导致听-视失语症，比如，让患者指向地板，他却指向窗户；让患者拿梳子，他却拿起了一串钥匙，并说："一把梳子、两把梳子⋯⋯

许多梳子。"

总之，言语活动的布洛卡区、威尔尼克区和角回三个中枢区域都是特异性的，分别代表了言语的运动中枢、听觉中枢和视觉中枢。言语活动的这三个中枢部位受损伤时引起的主要障碍中，只有额叶损伤的影响不是特异性的，这是因为额叶的主要作用在于目的与动机等高级功能的形成，其言语功能也主要与言语动机和愿望的形成相联系，此部位受损时，患者会失去说话或言语活动的愿望，所以额叶不是言语活动的特异性中枢区域。当然，言语的这些依赖性或特异性区域之间又不是完全孤立的，几个中枢区域通过把它们联系起来的神经纤维束的作用建立起彼此协同活动的关系，共同执行着人类特有的言语功能。

三、语言学习与脑发展

克拉申（Krashen，1982）认为，语言学习是一种有意识的活动，学习者有意识地学习语言知识，知道特定的语言规则并能够说出这些规则。

（一）早期语言学习对大脑的影响

脑和神经系统结构和功能均具有高度的可塑性，外界环境和后天经验均可以塑造脑的结构和功能。这一点从脑损伤患者脑功能的恢复研究中得到依据。瓦尔加-卡德姆等（Vargha-Khadem et al.，1997）的研究发现，儿童期切除负责语言加工的左半球的患者后期仍然具有获得语言的能力。缪勒等（Müller et al.，1999）的研究发现，左半球受损伤较早的患者会出现右半球优势。这些研究表明，大脑右半球功能在外界环境的作用下得以重新塑造，使原本不负责语言加工的脑区具有新的功能。

关于学习与训练的研究也发现，经过一定的语言训练后，与语言相关的大脑皮层的活动会发生变化。例如，一项关于人工语言学习过程中大脑活动特征的ERP研究发现，学习后自动化程度的提高会导致皮层活动降低，以及脑电波幅降低。王等（Wang et al.，2003）进行的fMRI研究发现，与加工母语相比，个体在加工新语言（非母语）时的脑区激活更大，或者会出现新的功能区。所有这些研究都表明，神经系统在一定程度上是通过学习经验重塑的。

此外，大脑在个体发育的不同阶段的可塑性是不同的。在大脑发育的敏感期，其可塑性最强，此时进行教育和干预的话，大脑皮层会体现出比较强的重组或补偿效应。但是随着大脑发育的成熟，它的结构和功能并不是一成不变的，仍然可以通过学习来塑造。认知神经语言学研究也发现，在 5 岁之前接触第二语言的双语者可以达到与母语学习者相似的语言熟练程度（Johnson & Newport，1989；Weber-Fox & Neville，1996），其语言神经基础也表现出和单语者相似或相同的结构（Kim et al.，1997），但是青春期后接触第二语言的学习者在完成语言任务时往往依据与单语者不同的语言神经基础（Hernandez et al.，2007）。研究者将这些差异归因于神经可塑性能力的下降，认为第二语言习得的时间限制可能来源于类似主导感觉和运动系统发展的神经成熟过程。

（二）第二语言学习对大脑的影响

在双语研究中，研究者通过比较不同熟练程度的双语者，发现学习经验对第二语言神经表征具有塑造作用。研究者发现，与高熟练度的双语者相比，低熟练度的双语者需要更多的认知努力来加工第二语言，也就是说，低熟练度的双语者需要调动更多的与语言加工相关的脑区和非语言加工脑区去加工第二语言。例如，与高熟练度的双语者相比，低熟练度的双语者需要更多的认知努力来完成词汇阅读任务，因此在额叶皮层和顶叶皮层会发现更强的激活（Chee et al.，1999）。其他研究发现，在加工第二语言词汇时，低熟练度双语者的后部视觉皮层会出现更大的激活。

此外，第二语言熟练度可以调节母语加工神经网络在第二语言加工中的参与程度。双语者的第二语言熟练度越高，其母语加工神经网络在第二语言加工中的参与程度也越高。母语网络在第二语言加工和学习中的参与程度会受第二语言习得年龄的影响。第二语言习得年龄越小，母语加工神经网络的参与越多。金姆等（Kim et al.，1997）以早期双语者（婴儿时期开始学习第二语言）和晚期双语者（10 岁之后开始学习第二语言）为研究对象，比较了两者的母语和第二语言加工的神经机制，结果发现，晚期双语者的第二语言和母语在布洛卡区的神经表征是分离的，而早期双语者的两种语言在布洛卡区具有相似的神经表征。这个结论得到了对同时双语者（同时学习两种语言）和继时双语者（先学习母语后学习第二语言）

的研究的证实。伯克恩等（Berken et al., 2015）发现，同时双语者阅读两种语言时激活了相似的神经网络，而继时双语者阅读第二语言比阅读母语时激活了更多的左侧额下回、前运动皮层和梭状回。进一步的研究证据表明，第二语习得年龄对第二语言的句法表征的影响较大，而对语义表征的影响较小（Wartenburger et al., 2003）。除对脑功能的影响之外，第二语言的习得年龄还会影响双语者额下回的皮层厚度、顶叶皮层的灰质密度、与额叶相连接的白质纤维的密度以及双侧额下回的静息态功能连接强度（Klein et al., 2014）。

第三节 语言脑神经机制的研究趋势

无创性脑成像和生理记录技术的发展为有关正常人类语言思维的脑功能的研究提供了新手段，也为有关语言脑神经机制的研究指出了新的方向。

一、认知神经科学技术介绍

（一）眼动技术

眼动技术就是通过一定的仪器设备记录人在各种任务情境中的眼动信息，进而探索其内部的信息加工机制。这里的眼球运动是指主动性的运动，是刺激通过视觉系统到达中枢皮层，通过皮层的作用，下行到脑干眼动核启动眼球运动。这种主动性遵循活动的任务性，通常是对信息的选择性注意过程。

眼动的三种基本方式为注视、眼跳和追随运动。注视是指将眼睛的中央窝对准某一物体的时间超过 100ms，在此期间，被注视的物体在中央窝上成像，并获得比较充分的加工，进而形成清晰的像。眼球在注视的过程并非静止的，它仍然存在三种微小运动，即高频微颤、慢漂移和微跳，这是为了保证刺激在视网膜中的成像位置不断变换以防止视网膜适应所带来的视像消失。眼跳是指注视点或者注视方向突然发生改变，使需要注视的对象在视网膜上成像并获得清晰的视觉。追随运动是指，当被观察物体与眼睛存在相对运动时，为了保证眼睛总是注视这个物体，眼球会追随物体移动。以上三种眼动方式经常交错在一起，目的在于选择信息，将要注意的刺激物置于中央窝区域，以形成清晰的像。

眼动技术的应用范围非常广泛，视觉信息加工、阅读研究、消费心理、工程心理等领域的眼动研究发展迅猛。

（二）事件相关电位技术

事件相关电位（ERP）是一种电生理研究方法，当人对客体事物进行认知加工时，与刺激或预期刺激有固定时间关系的脑反应会形成一系列电位变化，该技术就是根据这一点来考察神经活动过程的。

人脑中的神经元会自发地不断放电，也就是脑电，其成分复杂且不规则。ERP本质上是一种与特定刺激或事件相关联的脑电活动，单次刺激引起的诱发电位非常微弱，只有几微伏，常常淹没在自发脑电中而不能被观察到，但由于诱发电位与刺激之间具有锁时的关系，且每次诱发的脑电波形恒定，而与刺激无关的自发脑电则不具备这些特征，因此，研究者可以通过叠加技术把由特定刺激引起的诱发电位显示出来，从而把淹没在自发脑电中的刺激诱发信号提取出来。

ERP可以通过极性（P/N）、波幅、潜伏期和脑地形图等多个指标来描述。一般认为，极性反映了波的走向；波幅可以反映认知加工时心理过程的难易程度；潜伏期说明了神经活动与加工过程的速度和时间进程；脑地形图反映了对刺激加工起作用的脑内源。由此，ERP以其独特的综合优势奠定了它在语言研究中的地位和应用前景。

ERP具有行为测量所不具有的优点，行为层面的实验多用反应时作为指标，反映了多个认知过程的整合结果，而ERP更多反映了刺激出现后个体在加工过程中出现的连续脑电变化，且脑电设备记录的时间具有毫秒级的精度，具有与心理活动相关的锁时特性。与fMRI的原理不同，由于神经元放电具有弥散性，很难确定所测得的ERP是哪个脑区的活动，因此其空间定位的精度较差。

（三）正电子发射断层扫描技术

正电子发射型计算机断层显像（positron emission computed tomography，PET）

是20世纪70年代末80年代初出现的一种脑功能成像技术。在采用PET技术成像时,需要向被试体内注射带有放射性同位素,如^{15}O、^{11}C和^{18}F等,其原子核内会放射出正电子。正电子与机体组织内的电子相遇会发生湮灭,产生一对速度相等、方向相反的强光子(γ射线)并发射出来。由于人脑是一个代谢特别旺盛的器官,中枢神经系统的耗氧量占全身耗氧量的20%左右,而脑组织的主要能源来自葡萄糖的有氧代谢,因此,如果某些脑区在特定认知任务加工中变得活跃,一般会通过血流量的增加来满足脑组织对氧和葡萄糖的需求,也会吸收较多的放射性同位素,使得该区域放射的射线增加,射线穿出头皮,被两个放射性检测器检测出来。这种检测系统可以沿着被试头部的不同平面进行扫描,结果经过计算机处理后可制成各个平面的断层图。除了观察脑区的激活情况外,PET技术经过改进后可用于脑内神经递质系统的研究,可以将放射性同位素标记在某种受体的配体上,利用配体与特定类型的受体结合,探测脑内递质受体分布的位点和密度;也可以利用其他放射性标记的化合物直接与脑内物质结合,检测脑内各种物质的分布密度和位置。

PET具有较高的空间分辨率,能分辨的脑组织体积为5—10cm³,但时间分辨率较低,这对于探索快速变化的脑活动显然是不够的。另外,PET中使用的放射性同位素造价较高,并且可能会给被试带来健康风险。

(四)功能性磁共振成像技术

fMRI是基于传统的磁共振成像(magnetic resonance imaging,MRI)技术,于20世纪90年代发展起来的,该技术可以利用血红蛋白的磁性变化测量脑激活区局部血流量的增加。血液中的血红蛋白携带着氧,也称氧合血红蛋白,当氧被组织吸收后就会转变成脱氧血红蛋白。氧合血红蛋白与脱氧血红蛋白的磁特性不同:氧合血红蛋白是逆磁物质,而脱氧血红蛋白是顺磁物质。当进行认知任务时,需要消耗体内的氧和葡萄糖,在任务刚开始的一段时间内,血氧水平会下降,随着神经元的兴奋,会带来更多的血氧,因此氧合血红蛋白和脱氧血红蛋白的比值会发生变化,两种磁性物质的增减交替变化会表现出不同的磁共振信号。fMRI技术测量的是氧合血红蛋白和脱氧血红蛋白的比率,即血氧水平依赖(blood oxygenation level dependent,BOLD),它是一种血流动力学指标。

fMRI 无放射性风险，使用成本低，图像的精致性与 PET 相似，而脑活动与生成图像的时间差却远低于 PET。与 ERP 相比，fMRI 对脑区活动的定位准确，但定时反应能力却弱于 ERP。fMRI 的主要缺点包括检测时需要被试的整个身体都置于扫描仪内，被试不能随意移动，头部也必须保持高度静止状态，从而使认知或行为实验的实施受限。

（五）弥散张量成像

弥散张量成像（diffusion tensor imaging，DTI）是在常规磁共振成像和弥散加权成像的基础上发展起来的一种新的磁共振成像技术。DTI 的基本原理是，利用组织中水分子弥散运动的各向异性特征进行成像。DTI 在认知神经科学研究中有两个主要应用：定量白质分析和纤维追踪。定量参数主要是平均弥散率（mean diffusivity，MD）和各向异性分数（fractional anisotropy，FA）。平均弥散率表示弥散范围的大小，与弥散的方向无关；各向异性分数表示弥散各向异性的大小。DTI 技术的优点有三个：第一，弥散是一个矢量，不仅有大小，也有方向，在 DTI 中，组织内水分子的位移情况至少在多个方向被测量，对组织结构的结论更为准确；第二，DTI 是一种更高级的弥散加权成像形式，它利用多种参数和数据处理，从量和方向上反映成像体素内扩散的变化，可以定向、定量地评价脑白质的各向异性；第三，DTI 图像还可以直观地显示功能区域与其周围的大脑白质纤维之间的关系，从而更好地揭示功能区域的连接情况。

（六）功能性近红外光谱技术

功能性近红外光谱（functional near-infrared spectroscopy，fNIRS）是近年来发展起来的一种检测脑功能的方法。大脑活动是与脑组织的光学特性的变化相联系的。fNIRS 利用特定波长的近红外光以及脑组织中脱氧血红蛋白和氧合血红蛋白之间的吸收和散射关系，通过检测被试在执行任务时局部脑血流中脱氧血红蛋白和氧合血红蛋白的浓度变化，进而间接测量脑区的神经活动。近红外光可以透过颅骨，可以进行非侵入式的脑功能检测和成像。fNIRS 具有简单易行、价格低廉和无损伤性等特点。

二、语言认知神经研究中常用的技术指标

（一）语言研究中的 ERP 成分

ERP 成分有很多，一般用波幅的正负性加上波峰的潜伏期来表示。与语言有关的 ERP 成分主要有 N170、N200、N250、N400、晚正成分（late positive component，LPC）及左前负波（left anterior negativity，LAN）等。

1) N170。N170 是一个潜伏期在 160—180ms 的负波，一般在 170ms 达到最大峰值，与词汇阅读有关的 N170 成分往往与左半球枕颞区的梭状回的激活有关（Glezer et al., 2009）。研究发现，N170 对词汇的字体、大小写的变化并不敏感，而只受正字法规则合法性的影响，故认为 N170 反映了正字法的加工。有研究（Segalowitz & Zheng, 2009）同时发现，N170 成分可能受语音、语义的影响，他们采用语义判断任务和词汇判断任务，结果发现，语义判断任务中的 N170 的波幅更大，表明词汇加工早期阶段可能就有一定程度的词汇通达。

2) N200 和 N250。在词汇识别中，N200 是一个潜伏期在 100—300ms 的负波。张学新（2012）的研究发现，在中文视觉词汇的加工过程中，双字词呈现 200ms 后，在大脑的顶中央区可观测到一个明显的负波，将其命名为"顶中区"N200。区别于传统基于西方拼音文字材料所发现的脑电成分，N200 是个体在通过视觉加工中文词汇时独有的一种脑电反应，反映了大脑对词汇的词形加工，而对语音及语义的加工不敏感。

在词汇呈现后的 250ms 处，大脑会出现一个负向成分，即 N250，该成分一般为中央分布，反映了亚词汇水平词形表征到整词词形表征的映射关系（Holcomb & Grainger, 2006），语言转换研究中多次发现了 N250 成分的转换代价。

3) N400。N400 是一个潜伏期在 300—600ms 的负波，是 ERP 的内源性成分之一，主要反映了语言认知功能的神经电活动，也是研究语言加工时常用的 ERP 成分。与 N400 相关的脑区有海马回、海马旁回、杏仁核、前舌回和颞中区上部。颞中回和颞叶前区可能是 N400 电位的神经发生器。N400 成分反映了形-义的联结，即词汇表征和语义表征间的整合过程。在启动范式中，在启动词与目标词无关和部分重复的条件下，目标词的 N400 的波幅最大，而在启动词与目标词完全重复的条件下，目标词的 N400 的波幅最小，表明启动词与目标词完全重复时，启动

词的语义或者词形的激活促进了目标词的语义激活，故 N400 的波幅最小。句子层面的 N400 成分则可能反映了词汇的语义与句子的语境整合的过程，句子中最后一个单词与语境不相符时所引发的 N400 的波幅会大于相符的情况。N400 在波幅上的差异就是 N400 效应。N400 的波幅大小会随着许多因素的改变而改变，这些因素包含单词间的语义联系、单词重复、单词频率、记忆单词在句子中的位置。同时，N400 效应具有跨通道性，可以出现在被试阅读句子或词汇时、被试听句子时，甚至是被试使用手势语时。从语言的神经加工过程来说，N400 主要反映了后词汇加工，这也是词汇整合的一种。因此，当一个单词与之前单词或嵌入在内的整个句子的语境在意义上不相符，或者发生了词汇整合困难时，N400 效应就会产生。

4) LPC。LPC 是一个潜伏期在 350—700ms 的 ERP 成分，产生在顶叶，也被认为是 P300 或者 P600。该成分被认为反映了句法整合的过程，当目标词为违例词时，往往会产生更大的 LPC，说明目标词获得语义后，由于存在句法违例，所以需要个体花费更多的心理资源，对整个句子进行再分析和整合。另外，LPC 还对句子重新修正敏感。

5) LAN。当单词违反了句子所需词的词性时（例如，在"the red eats"中，"red"后面应该是一个名词而不是动词），或是违反了构词规则（如在"he mow"中，"mow"应该是第三人称单数形式"mows"）时，我们会观测到 LAN，LAN 的潜伏期和 N400 类似，但是两者的头皮分布不同，LAN 主要分布在左侧前额区，而 N400 主要分布在中央-顶区。

（二）语言研究中的眼动指标

眼动技术在阅读方面的研究成果尤为丰硕，根据阅读过程中的两类眼动活动（眼睛何时移动和眼睛移动到哪里），可以分为时间指标和空间指标。在阅读研究中，根据研究的目的，通常需要先确定要分析的目标区域，即兴趣区，兴趣区既可以是一个句子，也可以是一个字或一个词。

1. 时间指标

通常情况下，不同的注视时间指标反映了词汇加工的不同阶段，注视时间的长短反映了加工难度。常用的时间指标有单一注视时间、首次注视时间和凝视时间。单一注视时间是指在第一遍阅读中，读者在兴趣区内有且只有一次注视时的注视时间。首次注视时间是指在第一遍阅读中，读者在兴趣区内的第一个注视点的注视时间。凝视时间是指在第一遍阅读中，读者眼睛首次离开当前兴趣区之前，对该兴趣区的所有注视时间的总和。在当前眼动研究中，首次注视时间和凝视时间是反映词汇通达早期阶段的指标，单一注视时间被认为是字词识别中语义激活阶段的良好指标（闫国利等，2013；张仙峰，叶文玲，2006；Rayner，1998）。此外，总注视时间是指落在兴趣区的所有注视点的注视时间的总和，包括第二遍阅读时对该兴趣区的注视时间。回视路径阅读时间是指读者对某个兴趣区从第一次注视开始，到首次眼跳到该兴趣区右侧区域之前这一期间所有注视点的注视时间总和。

2. 空间指标

眼跳距离是指读者从一次眼跳开始到此次眼跳结束之间的距离，一般用像素或者转换成字母、汉字个数等单位进行衡量。眼跳距离是反映阅读效率和材料加工难度的指标，例如，被试在眼跳前所获取的信息越多，则眼跳距离越大（闫国利，白学军，2000；Irwin，1998），阅读速度也越快。注视次数是指读者对一个兴趣区注视的次数总和（闫国利等，2013）。如果阅读材料的加工难度越大，则注视次数越多，因此，该指标可以反映阅读材料的加工难度。跳读率是指在第一遍阅读中某个兴趣区被跳读的概率，即未被注视的概率。在阅读研究中，如果文本信息中的某个词语被跳读，并不意味着该词语没有获得读者的加工。有研究表明，与未被跳读的目标词相比，被跳读的目标词左右的有效视野范围有所扩大（Kliegl & Engbert，2005；Rayner et al.，2003），表明该词语在副中央凹区域已被加工，该加工可能发生在跳读之前或跳读之后。

三、语言认知神经的研究趋势

（一）语言学习对脑结构的可塑性

脑可塑性可分为功能可塑性和结构可塑性（Draganski et al.，2004）。功能可塑性是指某一脑区的功能发生变化或由临近的脑区代替，一般表现为特定区域激活降低、非特定区域激活加强，抑或神经网络改变。结构可塑性是指大脑内部神经元数目增多，神经元之间的连接增强或减弱，表现为脑容量、灰质和白质等指标的变化。

夸克等（Kwok et al., 2011）选取成年人为被试进行颜色命名训练（人造单词），时长为3天，分5次，共计1.48小时，结果发现，被试大脑中与彩色视觉和感知有关的区域（V2/3）的灰质体积增大，但语言相关区域无明显变化，表明成年人的脑具有很强的可塑性，脑结构对语言训练的耐受时间可能比知觉训练要长。黄等（Wong et al., 2007）以图片呈现的方式训练英语单语者学习带音调的人造词及语义，仅几周后就发现，所有被试的初级听觉皮层的灰质体积和其语言任务表现呈正相关，成绩好的被试，该区域灰质体积较大，这表明短期词汇训练可以显著改变大脑结构。赖高特等（Legault et al., 2018）对英语单语者进行20天左右的汉语词汇训练，结果发现，与对照组相比，训练组所有与语言控制网络相关的区域都出现了皮层厚度和灰质密度的增大，但不同学习方式所依赖的脑区不同，传统图文联想记忆组主要依靠右侧额下回区域，而虚拟现实学习组更多利用右侧顶下区域，这说明学习方式（环境）调节了大脑语言控制区域的结构。基于这些研究可以发现，几周的语言训练就能使大脑结构产生明显的变化，据此推测，较长时间的课堂学习或沉浸式学习是有可能定向"塑造"大脑的。

马特森等（Mårtensson et al., 2012）对零基础的青年军队学员进行了为期3个月的口译训练后发现，实验组比控制组在左额中回、额上回和颞上回等区域出现了皮层厚度增大，其中，外语学习成绩高的学员的右海马和左颞上回的结构变化更显著，而目标明确、努力程度高的学员额中回区域的灰质密度增大得更明显。细田等（Hosoda et al., 2013）的研究发现，成绩显著提高的被试比对照组被试在额下回、尾状核和颞上回等区域附近的白质密度显著增大，且增大的程度和其英语词汇量成正比。有研究者（Xiang et al., 2015）在对德语单语者进行了6周的第二语言培训后同样发现，训练初期被试右半球区域弓形束的白质密度增大，但随着第二语言熟练度的提高，训练后期被试增多的白质逐步转移到左半球的相应区域，该研究结果支持了第二语言熟练度可调节双语者脑功能的研究结论（Grant et al., 2015），同时，该研究首次发现短期语言训练能导致白质在大脑左右半球间的动态迁移，印证了双语能促进大脑左右半球交流的判断（Cheng et al., 2015）。

如果短期训练能导致大脑结构发生质的变化，那么在自然环境中长期的第二语言学习必然会改变大脑的结构。以双语者为对象的研究发现，第二语言会导致一系列脑区的结构性改变，如前额叶、前扣带回、颞顶皮层、海马、尾状核、壳核等。有研究者通过长期追踪的实验范式来研究第二语言学习带来的脑结构变化。施莱格尔等（Schlegel et al., 2012）对11名报名参加9个月汉语学习的美国大学生进行了长期追踪，每个月都对其大脑结构进行扫描，结果发现，与未学习汉语的控制组被试相比，学习汉语的被试的成绩与他们左脑及右脑经典语言区域的白质连通性的改变程度成正比关系。

另外，也有不少研究者通过对比单语者与双语者的脑结构来提供一些辅助信息。米凯利等（Mechelli et al., 2004）的研究发现，与单语者相比，双语者的左侧顶下皮层的灰质密度增大了，而且早期双语者的灰质密度增大得更显著，第二语言越熟练、第二语言获得年龄越小的被试，该区域的灰质密度越大，这说明第二语言熟练程度、第二语言获得年龄对该区域灰质密度有影响。有关双语者与单语者差异的研究也得到了相似的结论（Della Rosa et al., 2013；Grogan et al., 2012），即顶下小叶（包括缘上回）与母语及第二语言的词汇知识储备有关。除此之外，克莱茵等（Klein et al., 2014）发现，左额下回及顶上叶的灰质厚度与第二语言学习的起始年龄成反比。对大脑白质连通性的研究（Cummine & Boliek, 2013；Mohades et al., 2012）也显示，双语者的左右侧额下回-枕叶纤维束的连通性与单语者不同，这说明第二语言学习经验可以塑造大脑结构。研究者（Luo et al., 2019）采用定量磁共振成像（quantitative magnetic resonance imaging，QMRI）技术研究与第二语言学习相关的微结构变化，结果发现，第二语言习得的年龄，而不是其熟练程度，与语言相关脑区的微结构增殖有关，早期第二语言习得似乎促进了皮层微结构的发育。

（二）语言学习的脑机制

麦克坎德利斯等（McCandliss et al., 1997）采用ERP技术，通过测试被试训练前、训练中和训练后脑电波的变化研究了被试学习人工语言时大脑活动的特点，结果发现，经过5周的语言训练，加工新的人工单词的语义时，被试的左前额叶和颞叶的波幅下降，其下降后的波幅与加工正常英语单词的波幅相当。这可能是由于学习使被试加工新单词语义的自动化程度提高，从而使其脑皮层活动程度减弱，进而引起脑电波幅的下降。

关于大脑可塑性的另外一些研究发现，学习可以引起大脑皮层某一功能代表区激活程度的增大，也可以使大脑皮层重新进行组织。研究者（Wang et al.，2003）通过训练美国被试学习汉语的语调来让学习者建构新的语音分类表征，进而考察成人知觉系统是否具有可塑性。为了保证最终引起大脑变化的是语调学习任务，该研究控制了反应过程中的运动/视觉因素和听觉变量因素。结果发现，语调任务的学习引起了左脑 BA22 区激活程度的增大。同时还发现，在训练前没有出现激活的左脑 BA42 区和右脑 BA44 区在 2 周训练后得到激活，他们认为这可能是因为学习任务影响了大脑皮层的活动方式。戈勒斯塔尼和扎托雷（Golestani & Zatorre，2004）训练英语单语者学习辨识印地语的卷舌音。经过 2 周的训练后，他们发现，这些英语单语者在辨识印地语时的左颞上回、脑岛、额叶等脑区出现更大程度的激活。

语言学习不仅是对音调的学习，研究者（Wong et al.，2007）要求英语单语者学习带音调的英语假词及其意义（以图片形式呈现）。根据被试学习的进展情况，他们将被试分为学习好和学习差两组，结果发现，学习好的被试比学习差的被试在训练前后都表现出更为强烈的左颞下回后部的激活，这说明有可能根据被试在语言学习前的脑激活模式预测其可能的语言学习成绩。

随着神经网络和人脑连接组的兴起，有关语言学习的脑机制的研究也出现了新的动态。例如，谢帕德等（Sheppard et al.，2012）重新分析了黄等（Wong et al.，2007）的数据，他们采用图论（graph theory）分析的理论方法，对学习好和学习差的两组被试的脑功能网络进行了对比，发现与学习差的被试相比，学习好的被试的全脑效率更高，局部效率更低。维鲁德等（Veroude et al.，2010）也对第二语言学习引起的脑神经网络连接进行了分析。他们让被试通过观看天气预报、微电影等方式学习中文汉字，发现学习过这些汉字的被试的双侧缘上回之间的连接强度要大于没有学习过的被试。有研究者（Yang et al.，2015）在系列研究中对第二语言学习中的词汇和语法学习引起的脑活动变化及其脑神经网络机制进行了系统考察。该研究以英语为母语的美国大学生为被试，让其接受约 20 分钟的人工语法学习，之后让其在磁共振仪器中进行语法准确性的判断，结果发现，不论是内隐还是外显的第二语言语法学习者，都在双侧额中回、前运动皮层、脑岛、楔前叶及尾状回等区域有强烈的激活。然而，与训练时一无所知的内隐学习者相比，在人工语法训练前接受明确指导语、明白自己即将接受语法训练的外显学习者在左顶上小叶和楔前叶的活动更为强烈；而内隐学习者在进行同样的语法判断任务时在左额下回、脑岛、扣带回及尾状核的激活更为强烈。脑功能有效连接分析发现，内隐和外显这两种不同方式的第二语言语法学习依赖不同的脑功能网络：内隐性学习更多地依赖额叶与基底神经节之间的连接。

麦克劳克林等（McLaughlin et al., 2004）设计了一项针对法语单词学习的为期一年的课堂教学实验，研究对象是英语为母语的成年人，通过测定 N400 的波幅变化来考察被试对词汇（语义）的学习情况。实验分为学习初期、中期和末期三个阶段。在学习初期，仅仅经过 15 个小时（约两周）的法语集训，主试便让被试对一些法语真假词（前提是可以正常发音且符合正字法的假词）进行真假词汇的判断（可以瞎猜），结果发现，尽管行为上被试对真假词的辨别没有差异，但假词比真词所引发的 N400 的波幅更大。9 个月（大约 140 个小时的教学时间）后，学习者加工真词和假词时的 N400 波幅差异与法语母语者相似，同时对照组（未接受课堂法语教学）并没有出现与之对应的 N400 波幅差异。这一研究表明，即使接受的教学时间很短，行为上没有体现出学习成就，但大脑的活动方式已经发生了改变。坦纳等（Tanner et al., 2013）报告了一项英语母语者学习德语的研究。研究被试为以英语为母语的大学生，他们正在参加大学水平的德语课程。通过 ERP 技术，研究者发现，正在上大学一年级德语课程的被试在加工违反德语语法的句子时，德语成绩越好的被试越像德语母语者一样产生了 P600（句法加工）成分，而成绩差的被试仅仅产生了 N400（语义加工）成分；大学三年级的德语学习者则像德语母语者一样，在加工违反德语语法的句子时产生了 P600 成分。这一研究虽然不是长期的追踪研究，却通过横向对比不同学习年限的第二语言学习者揭示了伴随外语学习的脑活动变化，而且将行为指标与脑活动变量之间建立了联系。

综上所述，在语言学习和训练的脑成像研究中，经常报告的几个区域是左额下回、左颞上回、左角回、左颞中叶及顶下小叶等，但这些研究结果并不完全一致，可能是由以下几个方面的原因导致的：①任务分解不充分；②不同研究考察了语音、语义、句法学习的不同方面；③脑成像研究采用认知相减方法的局限性。

另外，刺激呈现方式的细微变化、对语言刺激不可控的自动加工等也可能会导致结果不一致。

（三）语言加工的脑网络

语言的加工是一个复杂的神经过程，是多个脑区及其皮层下核团共同作用的结果，有关语言加工的机制还在持续探讨中。随着对脑网络研究的深入，语言加工的神经网络作为全脑网络的重要组成部分也逐渐受到重视。

语言系统各功能脑区在结构连接上主要为弓状束连接了布洛卡区、威尔尼克区及顶下皮层（图2-3）。

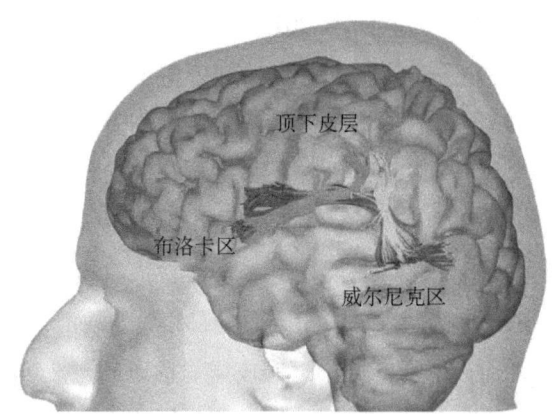

图 2-3　弓状束连接布洛卡区、威尔尼克区及顶下皮层

资料来源：Alvez P B G. 2011. Inference of a human brain fiber bundle atlas from high angular resolution diffusion imaging. Paris：Université Paris-Sud

DTI 技术成熟后，卡塔尼等（Catani et al.，2005）发现，在布洛卡区与威尔尼克区之间，除去一条直接的白质连接"长段"，还存在一条间接通路，即布洛卡区连接到顶下皮层的"前段"，以及顶下皮层连接到威尔尼克区的"后段"，由此展现出这三个语言功能区之间更为复杂的结构联系，随后的研究也支持了此发现（Eluvathingal et al.，2007；Lawes et al.，2008）。

另外，有些研究者将弓状束划分为两部分（Glasser et al.，2008），即颞中回与额下回连接的词义部分，以及颞上回与额下回连接的语音部分，随后的研究针对弓状束的偏侧化及其与行为学的关联展开。卡塔尼等（Catani et al.，2007）发现，普通人群体中有60%以上的人存在弓状束左偏侧。杜波依斯等（Dubois et al.，2010）

发现，1—4个月大的婴儿就出现了弓状束左偏侧的倾向。卡塔尼等（Catani et al., 2007）的研究发现，弓状束的偏侧化与语言能力呈负相关，即弓状束"长段"左偏侧越强，个体的语言成绩越差。这种结构连接层面与语言行为层面难以解释的关系提示，仅从结构上发现并完善语言功能区间的连接并不能解释语言系统的功能，结构连接结合功能连接可能会更有效地解释语言系统的功能。而卡塔尼等（Catani et al., 2012）在9—40岁的群体中开展了一项对弓状束三段不同的偏侧化分析的发展性研究，发现布洛卡区到威尔尼克区的直接连接"长段"始终呈较强的左偏侧，布洛卡区到顶下皮层的连接"前段"始终呈右偏侧，而顶下皮层到威尔尼克区的连接"后段"在青春期（16岁）前呈右偏侧，但之后却逐渐去偏侧化。佩兹-巴洛索等（Lopez-Barroso et al., 2013）的研究发现，词汇学习能力与弓状束的直接连接存在较强的相关，且与布洛卡区和威尔尼克区之间的功能连接存在相关，说明学习新词与这两个重要语言区间的直接且高效的连接息息相关。除弓状束外，研究者也考察了下纵束、下额枕束和钩形束等其他几条重要的结构连接。下纵束连接了颞叶皮层和枕叶皮层，可能参与了视觉、听觉两模态信息的传输、整合及语义加工过程（Catani et al., 2003）；下额枕束直接连接了额叶和枕叶，可能参与了语言系统中与视觉模态有关的一系列过程，如词汇识别、阅读等（Forkel et al., 2014）；钩形束连接了额下回、眶额皮层与前颞叶，被认为与命名、单词理解及语义联想等过程有关（Catani et al., 2013）。另外，伊特曼等（Yeatman et al., 2013）的研究发现，存在三条白质纤维束连接到左侧枕颞结合区（视觉词形区），分别为下纵束、下额枕束与竖枕束，其中，下纵束和下额枕束通过腹侧将视觉词形区分别联系到颞叶前部和额叶，竖枕束则通过背侧将视觉词形区联系到其他语言区。上述这些针对语言功能区间结构连接的研究说明，与语言加工有关的脑区在解剖结构上有着可靠的联系，这种联系可能是功能连接的基础，语言系统内的结构连接嵌入在全脑性的结构连接网络中，例如，下额枕束除连接额下回与前颞叶外，还连接了眶额皮层与前颞叶；又如，额斜束连接了布洛卡区与内侧前额叶及扣带回等区域（Catani et al., 2012; Lawes et al., 2008）。

　　静息状态下大脑的活动已被证实有其内在的功能架构，通过功能连接方法，很多研究发现了语言系统的内在功能架构。功能连接代表了脑区间的功能联系，进而刻画了脑区间构成的功能系统，同时功能连接也关系到脑功能的分化与整合。

脑区会有各自的功能特化，如具有视觉单词识别功能的左侧梭状回、对于言语产生功能极为重要的布洛卡区（左侧额下回），但一项脑功能的执行则需要调用多个脑区并经过功能整合来完成，在这个意义上，功能分化与整合是相互依存的（Friston，2011）。对于语言系统来说，语言功能的特异化可以被视为发生在网络层面（Fedorenko et al.，2014），即语言网络或某种语言功能网络的脑区经功能分化和功能整合后才能实现语言功能。另有研究（Wu et al.，2019）发现，双语者的语言控制依赖一个高度合作的脑网络，涉及前额叶、顶叶、皮层下脑区和小脑，而且该网络是通过重组来完成对语言表征和非语言表征的控制的；语言控制比一般领域的认知控制更需要额叶到皮层下的连接和皮层下核团内部的连接，表现出脑网络可重组的特点；语言控制和一般领域的认知控制的脑网络在前额叶有着相同的连接模式和连接强度，而且都以背侧前扣带回/前辅助运动区和右侧丘脑为核心，表现出脑网络重组过程中稳定的一面（Li et al.，2021）。

中文与英文在语言文字上存在许多不同，因此，对中文的脑认知研究引起了国内外学者的广泛关注。一个普遍的研究假设是：汉字与字母文字加工可能存在截然不同的神经心理机制。诸多研究者经过不断探索，得到了有关汉字加工的普遍结论：左前额中回区在加工汉字这种意音语素文字的时候比在阅读拼音文字（如英语）的时候表现出更强的激活，与英文阅读相比，顶叶区域（主要是顶内沟 BA7 和 BA40）在中文认知过程中也发挥了重要的作用，这些脑区的功能障碍会导致中文阅读障碍。研究者（Tan et al.，2003）探讨了中文加工的脑网络，发现负责言语工作记忆的左侧额中回（即 BA9）对中文文字的识别具有调节作用，而在英语阅读中显著激活的颞叶后部在中文汉字加工中的作用甚微。有研究（Kuo et al.，2001）提示，汉字加工的认知过程并非由单一脑区独立完成，而是由额中回和顶上回等区域构成的脑网络共同发挥作用的。陈等（Chen et al.，2002）检验了不同认知机制下中文识别的脑活动模式，发现拼音与汉字所涉及的认知机制有着明显的不同，阅读拼音和汉字时共同激活的脑区包括额下回、颞中回、颞下回、顶下和顶上小叶、纹外皮层等区域，此外，阅读拼音会导致双侧顶下皮层（楔前叶和颞中回前部）的强烈激活，而阅读汉字则激活了左侧梭状回、双侧楔叶、颞叶中后部、右侧额下回和双侧额上回，这些结果意味着阅读拼音与汉字的脑网络并不完全一致。朗香等（Longcamp et al.，2003）发现，当学习者看到字母时，手写过程中的动作加工同时也会被激活，而左侧运动前区（即 BA6）的同一个区域也参与了书写的加工。随后，他们通过继续研究发现，写字对识别刚写过的字母和字形有显著的促进作用（Longcamp et al., 2008）。其他研究也得到了类似的结果（James & Gauthier, 2006; James & Atwood, 2009），即运动脑区中从事字母感知的特定视觉加工区域在书写过程中也会被激活，这些研究结果共同揭示了书写和认字之间存在密不可分的协作关系，书写和认字加工过程都需要相应的感觉运动系统的参与。另一项对中文的研究（Tan et al., 2005）发现，中文识字阅读能力与儿童的写字技能密切相关，反而与语音意识和语音技能的关系不大，这个结果预示着中文和拼音文字的认知加工有着不同的脑神经机制，认知过程也截然不同。

综合上述研究发现，语言系统的结构连接包含在全脑的结构网络中，这种结构连接是语言系统的功能架构的基础，重要语言功能脑区及语言系统的功能架构可以通过功能网络特征反映出来，同时，语言系统的功能架构与全脑功能架构存在关联。

第三章

双语者语言习得概述

　　一般认为，语言习得包括语言词汇的习得、感知与理解、产出与表达，以及阅读的习得与发展等方面。由于双语者的分类与定义多种多样，第二语言习得可能与母语习得相近，或者差异巨大，相应的理论也不一而足。本章从双语者的分类出发，对相应概念和理论模型进行系统的介绍和梳理。

第一节 双语者的概念与分类

根据双语者接触第二语言的时间、学习的方式、第二语言习得的环境等因素，我们可以对其进行细致的分类。不同的双语者之间的第二语言系统可能具有较大的差异，甚至涉及不同的认知加工，准确地界定双语者对于双语研究十分重要。

一、双语者的概念

双语是全球范围内广泛存在的现象，据统计，世界上双语者人数占全球总人口的一半以上，生活在双语或者多语社会环境中的人口更是达到全世界总人口的90%以上（Grosjean，2010）。如今，针对双语现象的研究已然成为心理学、语言学乃至神经科学的研究热点。要清楚地研究双语这一现象，首先要明确其概念。目前，研究者对双语给出了不同的定义。

双语者通常被认为是能够使用两种或两种以上语言的人。这一概念的定义似乎没有歧义，但在什么样的情况下能够确切地将一个人定义为双语者呢？不同研究者对双语者的定义并不一致。麦克纳马拉（Macnamara，1967）持较宽泛的观点，认为生活在第二语言环境中的人即为双语者。布卢姆菲尔德（Bloomfield，1935）对双语者的定义则从两种语言能力的水平入手，认为双语者是指能如同母语般掌握两种语言的个体，即双语者不但能够使用双语，而且两种语言经验与水平相同或相近。韦内里奇（Weinreich，1953）认为，双语者是在实际言语交流活动中可以交替使用两种语言的人。豪根（Haugen，1956）认为，双语者是能够用母语以外的语言充分表达自己意思的人。格罗斯让（Grosjean，1992）认为，双语者是在现实生活中经常使用两种或两种以上语言的人。

通过对以上双语者定义的分析不难看出，布卢姆菲尔德（Bloomfield）的定义最为严格，该定义要求双语者在童年阶段学习第二语言，并达到与第一语言相同或相似的熟练程度。麦克纳马拉（Macnamara）、韦内里奇（Weinrich）、豪根（Haugen）和格罗斯让（Grosjean）则强调第二语言在现实生活中的应用。根据他们的观点，世界上多数人口属于双语者。这种观点有其理论合理性，但没有考虑双语者的母语能力与第二语言能力是否平衡，因此经不起常识的检验。语言与我们的日常生活息息相关，在特定的环境中，我们不太可能同时或交替地使用两种语言进行社交活动，因此，根据以往的理解和现实生活中实际存在的语言现象，一般认为双语者是能够掌握两种或两种以上语言并能在社会实践中使用的人。

二、双语者的类型与特点

根据第二语言的习得时间、双语能力和双语语言背景，我们可将双语者分为不同的类型，如表3-1所示。

通常，出于不同的研究目的，研究者会选择一种双语者作为研究对象。前三种分类法更适合研究儿童的语言发展。后两种分类法更适合研究移民儿童和少数民族儿童的语言发展。例如，平衡双语和非平衡双语在儿童认知发展中更为常见；在双语表征模型的研究中，研究者经常使用并列双语者和混合双语者、早期双语者和晚期双语者。在双语研究中，影响实验结果的因素有很多，因此双语者的定义对双语研究的结果至关重要。

表 3-1 双语者的类型

双语者分类	操作定义
同时性双语者（simultaneous bilingual）	3岁前同时习得两种语言
继时性双语者（successive bilingual）	第一语言与第二语言分别习得于3岁之前和之后
相加双语者（additive bilingual）	两种语言的水平均达到母语水准
相减双语者（subtractive bilingual）	由于两种语言的相互干扰，每种语言都未能达到较高水平
平衡双语者（balanced bilingual）	两种语言同时习得、水平均等
非平衡双语者（unbalanced bilingual）	在语言习得优势阶段前期开始习得一种语言，后期才开始习得第二语言，从而导致两种语言水平不平衡
并列双语者（coordinate bilingual）	第二语言是在学校教育中习得的
混合双语者（compound bilingual）	第二语言是在其独特的语言、文化环境下习得的
早期双语者（early bilingual）	在0—6岁语言习得黄金阶段的早期开始同时接触并习得两种语言
晚期双语者（late bilingual）	在0—6岁语言习得黄金阶段的晚期开始同时接触并习得两种语言

第二节 双语者第二语言的习得

双语者的第二语言习得离不开词汇、语法、句法几个方面，相关研究也正是从这几方面展开的。不少研究者提出了第二语言习得的理论模型，但相关研究还存在争议，尚有一些方面需要进行更加深入的研究。本节将介绍第二语言习得的概念和影响较大的几个理论模型。

一、第二语言习得的概念

第二语言的习得以儿童母语的习得为基础，但又不同于儿童母语的习得，因为第二语言的习得过程发生在他们已熟练掌握母语系统后，并且在大多数情况下是在与第一语言不同的社会环境中进行的（吴潜龙，2000）。

第二语言习得作为一门独立的学科，形成于20世纪60年代末。第二语言习得研究属于跨学科研究，一般是从语言、心理学、教育学和社会学的角度研究学生掌握母语后如何学习另一种新的语言系统（戴炜栋，王宇红，2008）。

二、第二语言习得的理论

第二语言习得理论可大致分为三大类：先天论、环境论和功能论。从这三大理论视角出发，研究者将第二语言习得研究归纳为以下几个范畴：从行为主义理论出发，强调第二语言习得中条件的作用，或强调学习者及其学习策略；从功能论出发，强调第二语言习得中社会需要的重要性；从先天论出发，强调逻辑思维；从先天论出发，强调先天语言习得机制。

（一）一般理论模型

先天论认为，包括第二语言习得在内的语言习得是人类与生俱来的"语言学习机制"的结果。乔姆斯基（Chomsky，1959）将这种人类大脑固有的语言习得机制称作"普遍语法",并认为离开这种天赋,语言习得是不可能的。克拉申的监察理论(monitor theory)的基本观点与乔姆斯基的"普遍语法"说不谋而合,认为第二语言习得是儿童获得语言的无意识过程。监察理论中的自然顺序假说认为第二语言的习得遵循一种固定的顺序,而且这种顺序具有普遍性。

环境论则认为,后天经验和环境是第二语言习得更为重要的因素。早期环境论以行为主义理论为出发点,认为语言习得是一种语言行为习惯的养成过程。例如,舒曼(Schumann,1978)提出的"文化适应假说"指出,第二语言习得的效果取决于学习者对目标文化的接触、适应和趋同程度。这一理论的不足之处在于其无法解释学习者内化第二语言的具体过程。

功能论强调第二语言习得中社会需要的重要性,认为在社会交往中使用语言的需要对于语言习得是根本性的作用,而不是辅助性的作用。社会环境和心理语言加工也不是两个相互分离的过程。第二语言习得的发展来自社会交际的过程。在社会交际中,双语者积极参与意义的建构,并通过这一过程习得第二语言。

(二)词汇学习模型

词汇习得在第二语言习得过程中是不可或缺的,同时也是第二语言习得研究的重要领域。词汇知识包括词语的建构、储存、搜索、提取、遗忘等内容,因此更接近心理学研究。心理词汇是心理语言学重要的研究领域,它关注的是词汇是如何在大脑中存储以及提取的。当前对于心理词汇的表征有分层网络模型(Collins & Quillian, 1995)和激活扩散模型(Collins & Quillian, 1970)。这两个模型将词汇和语义视为大脑中存储的节点(node),节点之间构成网络并相互激活与抑制。两个模型在一定程度上解释了词汇学习过程中大脑的信息处理机制,对第二语言词汇的习得研究具有指导意义。

分层网络模型是计算机模拟言语表征的模型,其基本单元是用节点来表示的词汇概念;处于网络最顶层的词汇具有最广的意义覆盖范围,网络的底部则是具体的、意义覆盖范围较小的词汇。例如,在图3-1中,动物的概括性最强,因此处于网络顶部,而底部则是蚊子、跳蚤等含义具体的词汇。

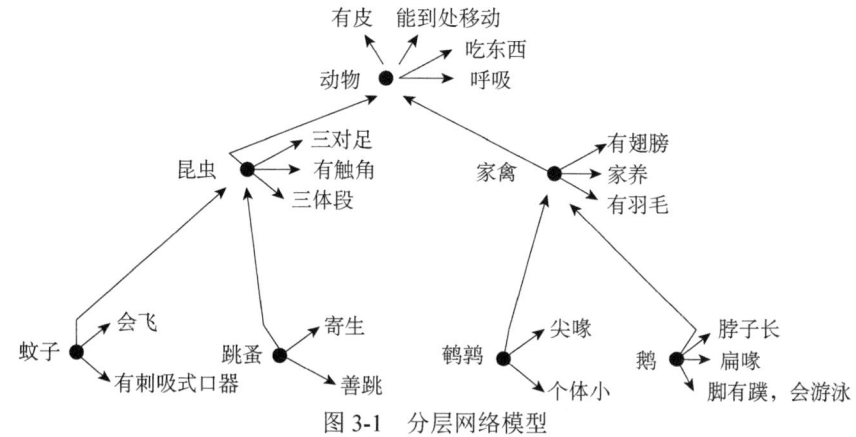

图 3-1 分层网络模型

资料来源：张晓东. 2003. 分层网络模型与激活扩散模型对英语词汇教学的启示.
北京第二外国语学院学报，(6)：36-42

激活扩散模型是科林斯（Collins）和奎廉（Quillian）提出的另一个词汇表征网络模型，该模型根据语义联系的相似性将词汇连接起来形成词汇的关系网络。节点之间的线段长度表示两个单词之间的相似性，线段越短，表明两个单词之间的相关性越大。例如，grass 和 leaf 之间的语义关系比 grass 与 tree 之间的关系更近，具有更多语义相似性特征，见图 3-2。

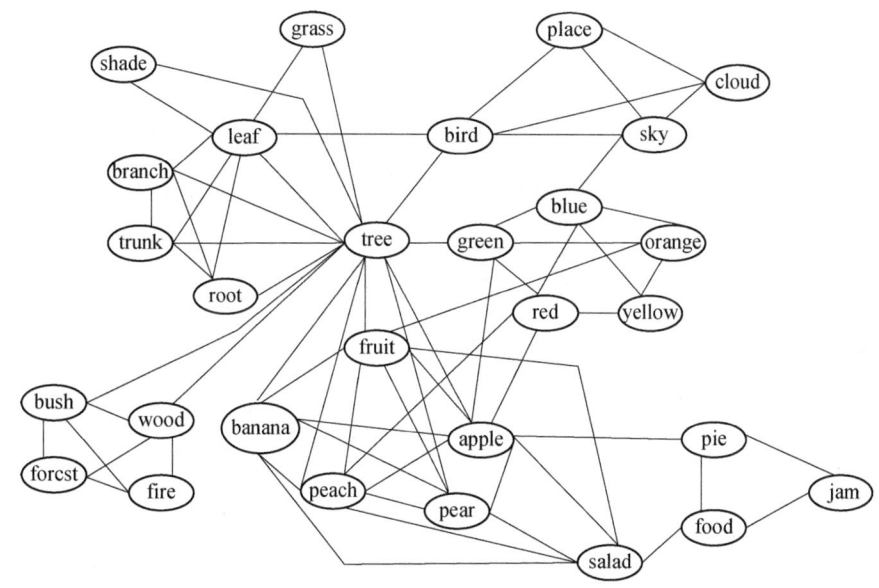

图 3-2 激活扩散模型

资料来源：张晓东. 2003. 分层网络模型与激活扩散模型对英语词汇教学的启示.
北京第二外国语学院学报，(6)：36-42

（三）句法学习理论

第二语言习得的主要研究领域之一是句法习得的语言现象。儿童在语言习得过程中如何根据词汇的先后顺序理解句子的含义，又如何在表达的时候按照一定的规律将词汇组织起来是句法习得研究领域关注的核心问题。经验主义的学习理论认为句法习得是学习的结果，行为主义的学习理论则强调句法习得的后天环境和刺激反应过程。先天主义语言习得理论的代表人物乔姆斯基认为儿童具有与生俱来的先天语法知识，语言习得是先天普遍语法在不同语言环境里具体化的过程。建构主义的代表人物皮亚杰并不认为语法是天生的。他将语言发展纳入认知发展过程，认为语言发展主要依赖于非言语认知的发展。

联结主义试图用神经网络机制解释句法习得，认为反馈网络（recurrent network）结构信息是从元素序列中提取的，因为结构不一定由嵌套结构表示，序列也可以表示结构。反馈网络之所以能够从顺序排列中抽取出结构信息，是因为它自身对语言输入的敏感性（郭培方，1999）。如图 3-3 所示，在反馈网络中，隐含单元与环境单元可建立联结，前者对后者进行表征，后者则给前者提供反馈。埃尔曼（Elman，1992）认为，隐含单元能够表示时间信息顺序、分布或嵌套。从隐含单元指向环境单元的联结是确定的，由环境单元决定；从环境单元指向隐含单元的联结是可调节的，于是网络就具备了动态记忆功能。根据这一理论模型，儿童句法习得的过程在一定程度上可以通过人工神经网络进行模拟。

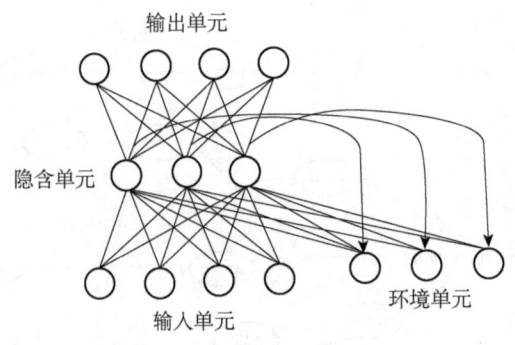

图 3-3　反馈网络示意图

资料来源：郭培方. 1999. 语言获得：先天与后天. 华东师范大学学报（教育科学版），（1）：61-66

另外，在句法习得的母语转移这一领域有三种理论：最小树理论（minimal tree

theory）(Vainikka & Young-Scholten，1994）、完全转移理论（full transfer/full access theory）(Schwartz & Sprouse，1994），以及无价值特征理论（valueless features theory）(Eubank，1992）。三者将句法发展作为研究重点，弥补了母语转移研究的不足，为第二语言的学习在最初状态下有多少母语语法转移到第二语言提供了详尽、明确的解释（Schwartz & Eubank，1996）。

第三节　双语者语义表征

双语者语义表征是指双语者大脑中存在两种语言的信息形式，涉及词汇的语义存储、语义处理和双语分布等诸多研究课题。长期以来，双语者语义表征一直是认知心理学、脑科学、心理语言学、神经语言学、人工智能、外语教学和第二语言习得领域的关注焦点（黄敏等，2019）。本节主要介绍双语者语义表征的不同理论模型和相关研究，揭示影响双语者语义表征的因素。

一、双语者语义表征的理论模型

语言心理学家和心理学家在20世纪初开始对双语者进行了观察和智力测试，目的是观察和描述双语者及其行为（王亚鹏，董奇，2007）。20世纪50年代以来，随着认知心理学的兴起，研究者对双语者的探索进入了实验研究阶段。研究者还将注意力从言语行为转向了双语者复杂的内部心理结构，研究重点集中在双语者的认知表征上（李娟等，2001）。一般认为，单语者有一个高度自动化的语义系统或心理词典。当一个人能使用两种语言时，是添加了新的语义系统或心理词典，还是共享同一个语义系统或心理词典？自20世纪60年代以来，这已成为双语者语义表征理论的主要问题。一般来说，语义表征的研究可以分为三个阶段：第一阶段，研究者主要从理论层面讨论双语者两种语言中的信息是共同表征还是独立表征，但没有得出一致的结论。第二阶段，通过大量实证研究，研究者认为，双语者的概念表征是共享的，词汇表征是独立的。第三阶段，即20世纪80年代以后，研究者开始探索两种语言的词汇表征和概念表征之间的关系，以及第二语言的词汇表征如何实现两种语言共有的概念表征。50多年来，研究者对双语表征进行了大量的实验研究，但还没有得出一致的结论。

随着对双语知识表征的深入研究，出现了两种对立的理论模型，科勒斯（Kolers，1963）将其概括为共同存储模型（图3-4）和独立存储模型（图3-5）。

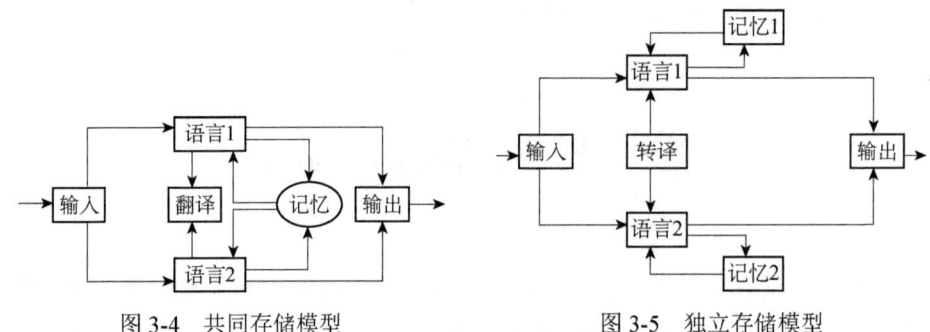

图3-4　共同存储模型　　　　图3-5　独立存储模型

资料来源：Kolers P A. 1963. Interlingual word associations. Journal of Verbal Learning and Verbal Behavior，（2）：291-300

（一）共同存储模型

共同存储模型认为，双语语言信息存储在同一个语义系统中，即以一种共同的、超语言的、抽象的概念形式存储在大脑中，而不是依靠语言渠道获取信息。换言之，双语者的两种语言中的信息是由大脑中的单一语义知识系统表征的。梅耶和拉迪（Meyer & Ruddy，1972）研究发现，在两个具有语义联想关系的词之间，如"bread-butter"，启动词和目标词之间的语言关系无论是同一种语言内的还是跨语言的，启动词均会促进目标词的加工，即这种启动效应在语言内和语言间条件下同样存在。这表明两种语言中相同词汇表的概念表征节点是相同的，即两种语言的概念是共同表征的。道尔林普-奥尔福德（Dalrymple-Alford，1972）采用双语Stroop（斯特鲁普）颜色词干扰范式的研究发现，当调用一个语言的颜色词时，它会受到其他颜色词的干扰，并且语言之间的干扰量与语言内的干扰量相等（董燕萍，1998）。被试在一种语言中调用颜色词时会受到另一种语言的语义的干扰，表明来自两种语言的信息不是独立存储和表征的。这些研究支持共同存储模型。在共同存储模型的基础上，研究者提出了三个关于第二语言词汇表征与概念表征之间关系的理论模型（图3-6—图3-8）：单词联想模型（word association model）、概念中介模型（concept mediation model）和非对称模型（asymmetric model）。单词联想模型认为语义表征是独立的，母语与第二语言词汇层有直接关系，但第二语言的词汇表征与语义概念表征之间没有直接关系，它只能通过第一语言的词汇来实现概念通达。概念中介模型认为，两种语言的词汇表征之间没有直接关联，而是通过共享的概念表征发生关联的。根据单词联想模型，将第一语言翻译成第二语言的时间比用第二语言命名图片的时间要短；概念中介模型认为，完成翻译任务和图片命名任务的时间是相等的。波特等（Potter et al., 1984）证实，被试在两项实验任务中的反应时是相同的，从而支持概念中介模型。

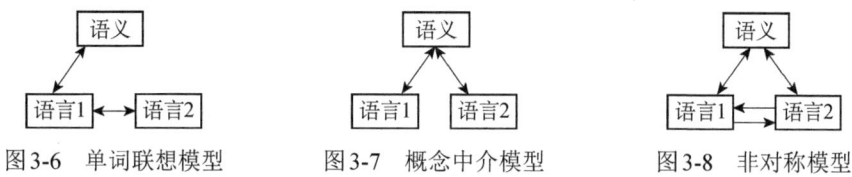

图3-6　单词联想模型　　　图3-7　概念中介模型　　　图3-8　非对称模型

资料来源：Markus B. 1998. Stroop interference in bilinguals: The role of similarity between the two languages. In Healy A F & Bourne L E (Eds.), Foreign Language Learning: Psycholinguistic Studies on Training and Retention. Mahwah: Lawrence Erlbaum Associates Publishers, 317-337

然而，克罗尔和斯图尔特（Kroll & Stewart, 1994）发现，在命名图像的任务中，第一语言的命名时间比第二语言的命名时间短；在翻译任务中，第二语言到第一语言的翻译时间比第一语言到第二语言的翻译时间短（郭桃梅，彭聃龄，2003）。根据上述模型，双语不对称现象无法得到很好的解释，所以，克罗尔和斯图尔特提出了一个完整的非对称模型。该模型认为，两种语言的词汇表征和概念表征之间存在直接关系，但在强度上存在差异。就词汇表征强度而言，从第二语言到第一语言的词汇表征强度大于从第一语言到第二语言的词汇表征强度。这是因为在学习第二语言的过程中，学生必须首先通过第一语言了解概念表征。然后，由于第二语言知识的不断学习和积累，第二语言的词汇表征和概念表征之间的关系逐渐建立和加强，但两种语言的词汇表征之间的关系不会因为其与概念表征关联的加强而消失。双语概念表征与第二语言熟练度密切相关。

（二）独立存储模型

独立存储模型指出，双语者通过两种语言渠道获得的信息存储在大脑中两个独立的语义表征系统中——母语系统和第二语言系统。此外，这两个语义表征系统分别对来自各自语言的信息进行编码和组织，双语的词汇分别与相应的概念表征相联系。为了实现两个语义表征系统之间的转换，必须经过一个特定的翻译程序。克斯纳等（Kirsner et al.，1980）的词汇判断实验发现了单词在语言内的重复效应，支持了独立存储模型。科勒斯（Kolers，1963）的单词联想实验结果则支持共同存储模型，因此，他认为两种语言的词汇的概念和联想关系可能不一致，被试脑中对于同一单词的联想网络可能不同。

此外，佩维沃和兰伯特（Paivio & Lambert，1981）提出了双重编码理论，可以解释词汇类型的影响。这一理论阐释了双语者两种语言符号系统和表象系统之间的关系。该理论认为，三个系统在功能上是相互独立和相互关联的。这种情况也存在于两个语言符号系统的功能中，为了实现两个语言系统之间的直接转换，必须通过特定的对译词生成器或词元（logogen）来实现。佩维沃和兰伯特（Paivio & Lambert，1981）在自由回忆实验中注意到两种语言系统之间以及言语系统与表象系统的交互效应，从而支持独立存储模型。然而，这还不足以解释这三个系统是如何相互独立和相互关联的。王翠翔和彭聘龄（1989）的词汇判断实验发现，对于具体性高的词，在语言内部和语言之间都存在重复效应；而对于具体性低的词，只在语言内部有重复效应。该研究认为不仅存在两个独立的语义存储系统，而且存在两个语言存储系统共享的图像系统。对于具体性低的词，存在两个独立的存储系统。两个语义存储系统中的对译词生成器不会自动激活，但可以通过图像系统这一中介间接自动激活。这一研究结果在很大程度上支持了双重编码理论。

克罗尔和德格如特（Kroll & de Groot，1997）提出了基于双语语义重叠程度的混合理论。根据该理论，两种语言中的语义表征取决于一种语言的词汇及其翻译词的语义重叠程度。如果语义重叠的程度很高，那么双语者共享语义表征，否则是独立表征。

在双语表征的研究中，研究者探讨了双语者如何在第二语言中实现基于第一语言的概念表征。这些理论模型对语言研究的指导意义是毋庸置疑的。

（三）单词联想模型和概念中介模型

波特等（Potter et al.，1984）于20世纪80年代提出了双语表征的层级模型，包括单词联想模型和概念中介模型。

根据单词联想模型，双语者第一语言直接与概念表征相联系，而第二语言词汇必须先翻译成第一语言词汇，然后才能从第二语言的概念表征中获得语义。当进行跨语言表征时，两种语言的词汇可以直接转换到词汇层完成，而无需通过概念中介（图3-9）。概念中介模型则认为，两种语言的词汇都必须通过概念中介进行转换。二者在词汇层上没有直接联系。概念层是语言过程中不可避免的中介，或者说，在跨语言加工中，两种语言的词汇都必须通过概念系统进行转换（图3-10）。

图3-9　单词联想模型　　　　　图3-10　概念中介模型

注："L1"指第一语言，"L2"指第二语言。下同

资料来源：Potter M, So K, Eckardt B, et al. 1984. Lexical and conceptual representation in beginning and proficient bilinguals. Journal of Verbal Learning and Verbal Behavior, 23（1）: 23-38

这两个模型均得到了部分研究的支持。例如，泽兰伯格和佩奇（Zeelenberg & Pecher, 2003）研究发现，概念内隐记忆任务可以达到减少语言间词汇重复的效果，但在词汇判断任务中却没有得到该效果。结果表明，第二语言可以直接通达概念的表征，而不需要通过第一语言词汇系统，从而支持概念中介模型的观点。

李利等（2006）利用跨语言长时重复启动范式探索了非熟练汉-英双语者的记忆表征。结果证实，非熟练汉-英双语者的记忆表征是共享概念层、词汇层分离的表征。更重要的是，非熟练汉-英双语者的第二语言需要第一语言的词汇表征才能达到其概念表征，这支持了单词联想模型的观点。

（四）修正的层级模型

克罗尔和斯图尔特（Kroll & Stewart, 1994）提出了修正的层级模型（revised hierarchical model, RHM）（图3-11）。该模型认为，两种语言在词汇和概念层上都有关联，但不同节点之间以及两个节点之间的不同方向上的联系强度不同。该模型认为，两种语言之间的词汇联结是不对称的，而且两种语言的词汇和概念之间的连接强度是不同的，因此也被称为不对称模型。根据该模型，个体初学第二语言时，词汇主要是通过第一语言的词汇层来激活概念系统的，因此第二语言词汇形式和概念系统之间的关系很弱。随着第二语言熟练度的提高，双语者可以直接激活概念系统，但词汇形式的联结也仍然存在。在双语处理中，它们仍然可以在词汇形式层面上相互联系。

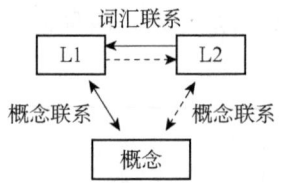

图 3-11　修正的层级模型

注：虚线表示联结强度较弱

资料来源：Kroll J F, Stewart E. 1994. Category interference in translation and picture naming: Evidence for asymmetric connections between bilingual memory representations. Journal of Memory and Language, 33（2）: 149-174

非对称性是修正的层级模型的中心特征。所有第二语言单词都与第一语言单词相关联，但第一语言单词仅有一部分与第二语言相关联。因此，在词汇层上，从第二语言到第一语言的连接比从第一语言到第二语言的连接更强。因此，反向翻译（L2-L1）更直接地通过词汇层进行连接，而正向翻译（L1-L2）更多地以概念层的连接为中介。反向翻译（L2-L1）比正向翻译（L1-L2）的速度快，是因为前者不易受语义因素的影响。

许多实验结论支持修正的层级模型。韦伯-福克斯和内维尔（Weber-Fox & Neville, 1996）的研究证实了掩蔽启动效应，发现语言之间的负启动存在于两个任务方向（L1-L2 和 L2-L1）。然而，与条件 L2-L1 相比，条件 L1-L2 下的负启动效应更加显著。戈兰（Gollan, 1998）对希伯来语-英语双语者被试进行了双向启动研究，发现 L1 和 L2 产生的启动效应是不对称的。L1 对 L2 有显著的启动效应，而 L2 对 L1 没有启动效应，即使有，效应也很小。有研究者（Jiang & Jing, 1999）采用掩蔽范式，以词汇判断为任务，研究了汉-英双语者的跨语言启动效应，结果同样发现启动效应的不对称性，即母语对第二语言的启动效应较强，而第二语言对母语的启动效应较弱且不稳定。语义启动效应的不对称性在一定程度上反映了双语者的第一语言和第二语言词汇表征与概念表征之间关系的不对称性。上述结果都在一定程度上验证了修正的层级模型的观点。

（五）多通道模型

马尔库斯（Markus，1998）指出，当双语者两种语言的拼写相似时，第二语言熟练度在两种语言的表征关系中起着决定性的作用；当两种语言的拼写完全不同时，第二语言熟练度在两者之间的表征关系中并不起决定性作用。马尔库斯认为，当第二语言熟练度较低时，无论两种语言有多么相似，第二语言的词汇表征都需要经过母语的词汇表征来获得共享的语义表征。因此，非熟练双语者的两种语言之间的联结方式是以第一语言为言语中介；当双语者的第二语言熟练度较高，同时两种语言不相似时，两种语言的对译词之间没有直接联系，因而只能通过概念表征来联系，即熟练双语者的两种语言之间的联结方式是概念中介模式；如果两种语言相似，那么第二语言词汇表征可以直接与语义表征相联系，或者通过第一语言的词汇表征与语义表征相联系。两种语言之间的联结方式为多通道模型（multiple access mode）（图3-12）。多通道模型是修正的层级模型的一种变式，是熟练而且相似的两种语言之间的联结方式。

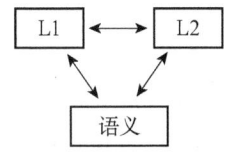

图3-12　多通道模型

资料来源：Markus B. 1998. Stroop interference in bilinguals: The role of similarity between the two languages. In Healy A F & Bourne L E（Eds.），Foreign Language Learning: Psycholinguistic Studies on Training and Retention. Mahwah: Lawrence Erlbaum Associates Publishers，317-337

马尔库斯的观点得到了实验结果的支持。一项以日-汉双语者为研究对象，采用双语Stroop范式的研究发现，被试的汉语水平直接影响到日文和汉字之间的联结。汉语低熟练者采用词汇连接模式，汉语高熟练者采用多通道模式。然而，日-汉双语者的汉语熟练度对日语假名和汉字之间的关系没有影响（高立群等，2003）。换句话说，无论日-汉双语者汉语水平的高低，日语和汉语都是通过日语中的汉字来中介的。

（六）分布式概念特征模型和词汇/概念分布式模型

分布式概念特征模型（distributed concept feature model，DCF）认为，概念表征由一系列概念节点组成，由每种语言词汇激活的概念表示是分布式的，并且两种语言的概念节点在一定程度上是重叠的（de Groot，1992）（图3-13）。单词共享的概念节点数量取决于单词的类型，例如，具体词共享的概念节点多于抽象词。对于特定单词，任何语言中都有特定的具体对象，并且不同语言之间的概念相似或相等；抽象词没有对具体对应物，而是依赖于语义背景，因此具有较少的共享概念特征。如果翻译过程是以概念为中介的，那么具体词理应比抽象词共享更多的概念信息。

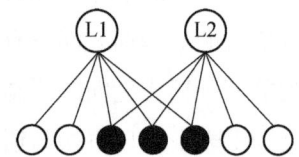

图3-13 分布式概念特征模型

资料来源：de Groot A M. 1992. Determinants of word translation. Journal of Experimental Psychology：Learning，Memory，and Cognition，18（5）：1001-1018

该理论认为，语义相关词对之间存在概念重叠，如翻译对等词、同义词和近义词，但翻译对等词的重叠程度最高。不同词类导致不同程度的概念重叠。跨语言共享概念系统是基于重叠节点数量的（de Groot，1992）。

根据此模型的观点，启动效应应该在两个方向的转换中获得，并且两个方向的转换的特征重叠应该相等，因为母语和第二语言翻译对等词有着高度的概念重叠，并且具有共同的概念特征。启动效应是在这些共同特征的基础上实现的。但是实际研究中发现，第一语言和第二语言之间存在不对称性，这是DCF所面临的问题。

由于以上问题，克罗尔和德格如特（Kroll & de Groot，1997）在1997年提出双语表征的词汇/概念分布式模型（distributed lexical/concept model，DLC）（图3-14）。该模型认为，双语者有两个心理词典，它们同时与词汇表征和概念表征相关。词目是介于词汇表征和概念表征之间的抽象单位，将词汇表征和概念表征联系起来。词目起着双重作用：一方面"凝聚"与某一词汇（或概念）相关的各个语义特征；另一方面调节知觉表征与语义表征的联结强度（联结权重）。

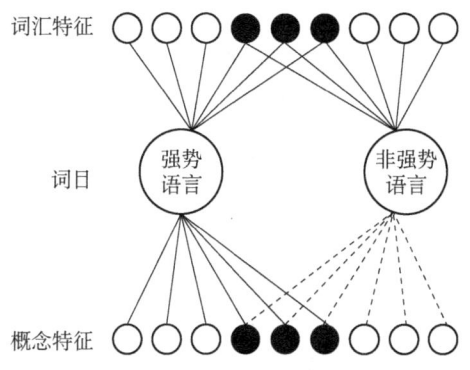

图 3-14　词汇/概念分布式模型

资料来源：Kroll J F, de Groot A M B. 1997. Lexical and conceptual memory in the bilingual: Mapping form to meaning in two languages. In de Groot A M B & Kroll J F (Eds.), Tutorials in Bilingualism Psycholinguistic Perspectives. Mahwah: Lawrence Erlbaum Associates Publishers, 169-199

　　语言内的重复启动效应是因为心理词典促进了词目、词汇特征和概念特征之间的关联。无论是第一语言还是第二语言，同一语言之间重复启动的效果应当基本相同。然而，不同语言之间的激活必须以概念联结来做中介，而不是直接建立从词目到词汇的联结，因为抽象存在的概念可以激活后一种语言的词目层，最终引发词汇层的激活。因此，在语言内会有重复启动效应，但在语言之间不会。两种语言的词汇特征与词目的联结强度相同，第一语言和第二语言的启动重复效果相同。语言内启动效应大于语言间启动效应的原因主要是，语言内任务在图形命名时同时涉及概念和发音的重叠，而语言之间的重复启动只能通过概念联结来产生。该模型实际上是在修正的层次模型的基础上发展起来的，它使两种语言之间的关系更加清晰，使模型更具说服力。该模型可广泛用于解释双语研究中的翻译、语义启动和重复启动等现象。

　　语义特征是语义概念层的表征单元，两种语言共享语义概念系统。然而，对于特定的词，两种语言的对应词通常不能共享所有的语义特征，因此两种语言的对应词在词汇/概念分布式模型中仅部分重叠。在语义概念系统中，不同语言的单词可以以不同的方式重叠。此外，模型中两种语言的知觉表征是完全独立的。当然，这是针对汉-英双语者提出的，因为汉语和英语在特征上存在明显差异。对于属于拼音文字的两种语言，如英语和法语，感知词汇表征之间可能存在一些共同成分，因此可能存在一些重叠。

使用重复启动实验范式的研究发现，语言内的重复启动效应大于语言间的重复启动效应，呈现的刺激类型对语言内的启动效应有显著影响，但对语言间的启动效应没有显著影响。第二语言词汇层到语义层和词目层的联结较弱，语言内部和语言之间的重复启动效应由不同的机制引发。张阔和王敬欣（2005）运用图片命名重复启动范式，研究了图像重复呈现对语言内和语言间词汇通达的启动效应。结果表明，语言内的重复启动效应显著强于语言间的重复启动效应，但中、英文重复启动效应差异不显著。在语言间条件下，两种语言的重复启动是不对称的。研究结果支持词汇/概念分布式模型。

（七）共享（分布式）非对称模型

上述双语心理词典表征结构包含三对矛盾：共同存储和独立存储、概念中介与词汇中介、局部表征和分布式表征。董燕萍（1998）基于德格如特（de Groot）的分布式表征，建立了一个共享（分布式）非对称模型（图3-15）。其研究结果表明，对于双语对译词中常见的概念成分的表征是共享的，但母语词和概念之间的联结比第二语言词和概念之间的联结更强。这一结果与先前研究中提出的共享（分布式）非对称模型是一致的。由于翻译对等词不完全共享概念的全部要素（例如，"danger"概念和英文"red"的联系就强于其和中文"红色"的联系，而"happiness"这个概念则正好相反），双语者的大脑仍然保持着两种语言之间的这种差异。一方面，这种差异显示出一种在双语者的大脑中逐渐缩小的倾向；另一方面，这种差异显示出"独立"的倾向，从而构成了共享（分布式）非对称模型的动态特征。

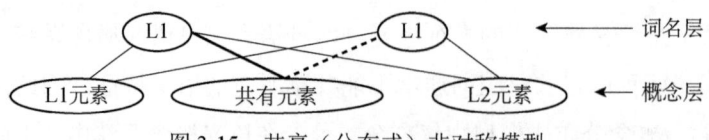

图3-15 共享（分布式）非对称模型

资料来源：董燕萍. 1998. 双语心理词典的共享（分布式）非对称模型. 现代外语，(3)：3-29

二、影响双语者语义表征的因素

众多理论模型对双语者的语义表征进行了解释，却未形成一致的结论。随着研究的深入，研究者发现第二语言熟练度、第二语言词汇类型等因素会对词汇语义表征产生影响。相关研究中常见的实验任务包括词汇判断任务、范畴判断任务、词汇命名任务、图片命名任务等。词汇判断任务要求被试判断刺激材料是否为目标语言中的真词；范畴判断任务要求被试判断刺激材料是否属于某一具体范畴，如水果、蔬菜等；词汇命名任务和图片命名任务则要求被试以目标语言对刺激材料进行发声命名。

波特等（Potter et al., 1984）提出的单词联想模型和概念中介模型认为，随着双语者第二语言熟练度的提高，其实际词汇表征会由单词联想发展为概念中介。该研究使用熟练和非熟练汉-英双语者完成图片命名任务和词汇命名任务，结果发现，熟练和非熟练被试在两种任务中的反应时均没有差别，从而支持了概念中介模型。随后的研究（Kroll & Stewart, 1990, 1994; Chen & Leung, 1989）则使用相同的范式得出了支持非熟练双语者采用单词联想模型实现第二语言词汇表征的结论。莫雷等（2005）和李利等（2006）的研究使用跨语言长时启动范式，也得出了双语者词汇表征随熟练度的提高而从词汇关联发展为概念中介的结论。虽然相关研究仍有争议，但可以肯定的是第二语言熟练度可能与双语者词汇语义表征的具体模式有关。

相关研究中所使用的实验词汇材料也有所区别。巴赫曼和帕玛（Bachman & Pamler, 2010）使用 ERP 技术验证修正的层级模型时，同时使用了具体词和抽象词的词汇材料。结果显示，L2-L1 翻译的 N400 效应大于 L1-L2 翻译的 N400 效应，但具体词和抽象词之间没有显著差异。相关研究在是否支持修正的层级模型上并未得出一致的结果，但可以肯定的是词汇材料类型可能与双语者词汇语义表征的具体模式有关。词汇/概念分布式模型指出不同类型的词汇共享的概念节点数量不同，双语者两种语言中具体词和同源词的对等翻译词共享的概念节点数更多，该理论有待实证研究的进一步验证。

第四节　双语者第二语言词汇通达

第二语言词汇通达是指接受第二语言词汇信息和提取词汇语义的过程，其中不仅包含诸如人们如何处理信息等理论问题，还包括如何进行有效的阅读教学等实践问题，因此相关研究具有重要的理论和实践意义。词汇有三种属性，即形、音、义，在识别书写单词的过程中，单词形式和发音的作用，特别是发音在词汇通达方面的作用，是近年来研究的核心。

一、双语者的词汇识别

词汇生成过程可分为五个部分，即概念准备、词条选择、音位编码、语音编码和发声（崔占玲等，2009）。其中，词汇识别过程包括前三个部分。具体来说，概念准备是指大脑将想法转化为概念的过程，也是语言活动的初始环节。在准备表达想法时，人们必须从大量相关信息中选择最合适的词汇概念。这个概念对应心理词典中的词和词素。词条选择发生在概念准备之后。准备好的概念将激活心理词典中相应的语义概念表征，词汇将激活的语义概念转换为单词的音位编码。人们普遍认为，单词的意义和语音表征之间存在一种抽象表征，称为特定词汇表征（或称词条），它涵盖了单词的语法特征。

词形编码是词汇产生研究的核心问题之一。在这个阶段，言语是怎样被有效加工的？其又是怎样产生的？相应的词汇是如何被有效提取的？特别是对于双语者来说，在交替使用两种语言时，两种语言会不会相互影响或干扰？这些都是研究的热点问题。在使用一种语言的过程中，从一种语言到另一种语言的双语交流过程被称为语言切换。心理学家在研究不同难度任务的变化时，首次发现了不同切换代价。研究表明，如果在目标任务之前有不同难度的任务，那么完成目标任务的反应时要比在目标任务完成之前有相同难度的任务时的反应时长。莫伊特和奥尔波特（Meuter & Allport，1999）在语言知识领域引入了这一研究范式。

在他们的研究中，被试需要完成将 9 个阿拉伯数字重复命名 200 多次的任务。结果表明，对于双语初学者，其在转换序列中的反应时较长，且错误率高于非转换序列。

针对这一现象，许多心理学家研究了双语语言产生中词汇提取的机制，发现双语者有一种特别的能力，即他们能够在语言产生过程中成功地分离两种语言，并且可以从单一的词库中选择和提取单词。熟练度很高的双语者在使用第二语言时很少受到母语词库的干扰。因此，双语者的这种神奇能力引起了许多心理学家的兴趣。研究的焦点是言语产生过程中控制词汇提取的机制。双语言语活动中词汇提取机制的研究涉及两个基本问题：其一，语义系统能否同时激活双语的两个心理词典；其二，非目标语言中词汇的激活是否会干扰目标语言中词汇的激活。相关研究认为，在提取语言词汇的过程中，两种语言的词汇都会被语义系统激活（张清芳，杨玉芳，2003a）。第二个问题在理论上存在分歧，导致出现了两种观点：非特定语言选择和特定语言选择。

非特定语言选择理论认为，双语者两种语言的心理词库是同时激活的，非目标语言中的词汇会与目标语言中的词汇提取产生干扰。为了顺利提取目标语言中的词汇，一种可能性是在语义激活阶段就实现对目标语言中词汇的更高程度的激活，另一种可能性则是双语者的词汇选择可能包含抑制非目标语言的加工机制，从而实现对目标语言中词汇的顺利提取。特定语言选择理论则主张非目标语言中的词汇并不会在目标语义条件下被激活，这样，非目标语言中的词汇就不会对目标语言中的词汇提取构成干扰。

二、双语的词汇提取

由于两种语言系统之间存在复杂的联系，根据语义激活扩散理论，双语者在使用一种语言时产生的激活必然会延伸到另一种语言的对应节点。这样，两种语言之间就会有复杂的激活和抑制关系，而在双语转换中这一过程更为复杂。非特定语言选择机制假设，两种语言的词汇均是言语产生的备选项目，言语是通过对非目标语言中词汇的抑制使目标语言中词汇的激活程度提高，从而使目标语言中的词汇最终被选择。

三、双语者的词汇通达

（一）词汇通达的概念及阶段

词汇通达的过程就是词汇化的过程，即将思维转化为词汇表达，进而转化为声音。词汇通达过程涉及三个重要问题：第一，词汇通达过程涉及多少个阶段；第二，词汇通达各个阶段之间具有怎样的关系；第三，词汇通达的时间进程是怎样的（张清芳，杨玉芳，2003b）。大量实验证据（Levelt，1992；Schmitt et al.，1999）表明，词汇通达过程包括两个阶段：第一阶段是语义激活和特定词汇选择，即心理词典中的语义表征被激活，随后对应的词条被激活，即词条提取或词条选择；第二阶段是语音编码，词条的激活进一步延伸到特定单词的语音表征，以便说话者能够提取词汇的语音形式。

（二）母语词汇通达理论

1. 独立两阶段模型

独立两阶段模型认为，言语产生中的词汇通达包含两个互相独立的阶段，或者说，语音编码是在词汇选择之后进行的，因此该模型又被称为两阶段模型。在第一阶段，一个或多个语义链接的对象被激活，最后只有一个目标对象得以保留。在第二阶段，只有目标对象接收语音编码。列维特等（Levelt et al.，1999）提出的WEAVER（词形激活验证编码）模型假设，言语产生和言语知觉共享概念层和词条层，并且它们之间的关系是双向的，但是语音形式层对于单词的产生是唯一的，并且不会反馈到词条层。因此，WEAVER模型是一个独立的两阶段模型。列维特等进一步提出，说话人可以使用策略来监控内部语音的输出并阻止错误的发生。一些语音错误可能恰好属于目标词的语义范畴，这些词比其他词更有可能通过监控系统的检查，于是与非文字错误相比，合法的文字错误更容易逃避监控系统，从而产生言语中的混合错误。

2. 双语交互激活模型

双语交互激活模型（bilingual interactive activation model）是双语语言理解的主要模型之一，该模型认为，语言转换代价是由控制每种语言词汇表征激活的机制造成的,即激活语言节点的结果。语言节点假说类似于认知控制一般模型中的注意控制机制(Cohen et al.,1990)。在学习第二语言的过程中,双语者优先考虑形成一种通用的认知控制机制来控制每种语言表征的激活。模型中语言节点的机制直接影响每种语言词汇层表征的激活水平:一方面增强了某些语言的词汇激活,另一方面削弱了其他语言的词汇激活。该模型认为,语言转换代价主要是由于非目标语的语言节点在转换过程中不断受到抑制。局部抑制/平行抑制机制在语言之间的竞争中起着重要作用。

该模型认为,双语心理词典的最高层次是"语言节点层",每种语言对应一个"语言节点层",两种语言的加工过程相互影响。这种影响主要是通过"语言节点层"来实现的,语言节点层自上而下地影响另一种语言的词汇层。也就是说,当第一语言的语言节点层被第一语言词汇输入激活时,第一语言的语言节点层就会从上到下地抑制第二语言词汇层。在语言转换中,如从第一语言到第二语言的转换,第二语言词汇层的输入激活第二语言的语言节点,而语言节点禁止从上到下激活第一语言词汇层。语言转换代价成本出现的主要原因就是完成这些过程需要进一步的处理时间。

3. 流瀑式层叠模型理论

流瀑式层叠模型(full-cascade model)主张任何给定层级(概念层、词汇层、次词汇层)的表征激活均会以一定比例激活其相关层级(Caramazza & Miozzo,1997;Costa et al.,1999,2005;Dell,1986;Dell et al.,1997;Griffin & Bock,1998;Rapp & Goldrick,2000;Starreveld & La Heij,1995)。因此,词汇化过程中被激活的概念表征会激活相应的词汇节点,进而将一些激活扩散到对应语音。此外,勒洛夫斯和梅耶(Roelofs & Meyer,1998)提出的分离式流瀑模型则认为,激活以流瀑式层叠模型的方式从概念层流向词汇层(任何激活的概念表征都会将一些激活扩散到词汇层)。然而,语音激活则仅限于目标词汇表征。或者说,该模型同时包含流瀑式假设和分离假设:激活以流瀑式的方式从概念层传播到词汇层,以分离的方式从词汇系统传播到次词汇层。布洛姆和拉赫伊(Bloem & La Heij,2003)提出的模型则进一步主张,只有包含在前言语信息中的概念表征(目标词汇)激活传播至词汇层。然而,目标词汇表征不仅激活该目标项的词汇表征,同时还激活了语义相关项的表征,即词汇激活和语音激活(在最大限度上)局限于目标和语义相关的项目(图 3-16)。

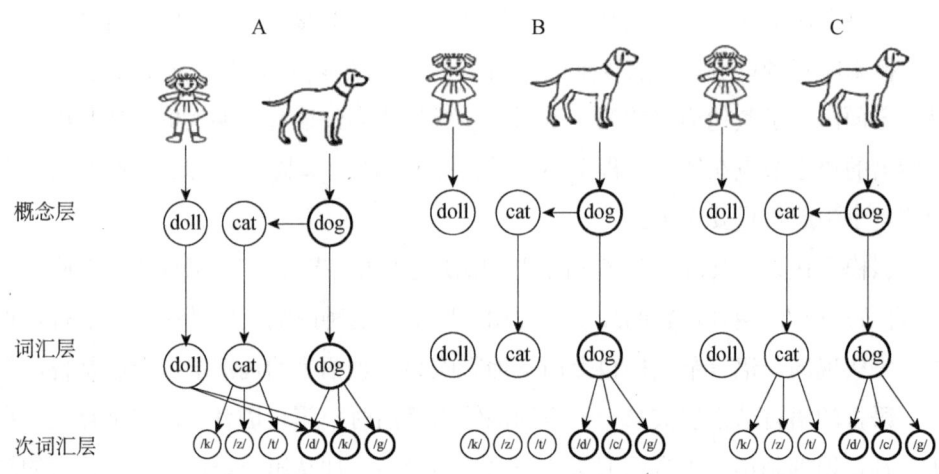

图 3-16 流瀑式层叠模型

资料来源:Navarrete E,Costa A. 2005. Phonological activation of ignored pictures:Further evidence for a cascade model of lexical access. Journal of Memory and Language,53(3):359-377

(三)双语者词汇通达理论

1. 非特定语言选择理论

非特定语言选择理论中的代表模型是抑制控制模型(inhibitory control model,IC)(Green,1998)。根据该模型,语言的生成是由语言的特定任务图式控制的。任务图式是个体为完成特定任务而构建的心理网络,可以根据具体目标的选择使用合适的语言,并从长期记忆中提取相应的内容,以保证目标语言的生成。目标语言任务图式将通过激活目标语言表征和抑制非目标语言表征来改变词汇语义系统中词汇表征的激活水平(Green,1998)。当两种语言之间切换时,当前激活的图式必须被抑制,先前被抑制的图式将被重新激活。

抑制控制模型有两个非常重要的假设。其一,抑制效应与被抑制的单词的激活程度成正比,而某种语言的抑制程度取决于双语者对该语言的熟练程度。例如,与第二语言相比,双语者的母语通常被认为是主导语言,因此第二语言词汇的激活水平将低于母语。因此,当用第一语言表达时,不需要对第二语言有太多的抑制;相反,当用第二语言表达时,第一语言必须保留更长的时间,以确保对第二语言词汇的提取。其二,完成对抑制的克服需要时间,即对一种语言词汇的抑制会对该语言词汇随后的重新激活产生影响。从被抑制的语言词库中提取单词相对比较困难,因为克服抑制需要较长的时间,这就是转换代价的产生根源。

2. 特定语言选择理论

科斯塔等(Costa et al., 1999)提出了一种特定语言选择理论,该理论认为,双语者在任务中只会考虑目标语言词汇项,而无论非目标语言词汇项的激活程度如何,都不会被考虑。或者说,该理论认为,每种语言的词汇节点都是特定的。因此,双语者能够确定词汇项是第一语言还是第二语言词条,并能确定在词汇选择中应该考虑哪些词汇项。该理论假定,"竞争选择"只适用于语言内,而不适用于语言间。有研究通过图片-词汇干扰范式探讨了语言之间是否存在词汇竞争(Costa et al., 1999),比较了语言内和语言间分心词、语义和语音关系对高度熟练的加泰罗尼亚语-西班牙语双语者图片命名反应时的影响。实验要求被试用加泰罗尼亚语命名图像,并忽略图像上的分心词,这些干扰分别用加泰罗尼亚语和西班牙语呈现。结果表明,加泰罗尼亚语和西班牙语分心词具有语义干扰和语音促进作用。研究者认为,这是因为分心词可以激活相应的词汇表征和对译词。当分心词与目标图像相对应时,目标图像可以从分心词中得到额外的激活,即目标词不仅可以被目标图像激活,还可以被分心词激活。因此,分心词不会干扰目标词,而是对目标词的产生发挥了促进作用。

3. 概念选择理论

上述模型区分了两个系统:概念系统和词汇系统。概念系统包含非语言形式的陈述性知识。词汇系统包含句法、语音和语义特征。根据这些模型,用一个名词来命名一个物体包括以下步骤:对具体对象的视觉加工导致概念系统中的表征被激活,即对象被"识别"且与该对象有关的特征信息,如功能、气味、味道等被激活。因为其他相关概念的表征也同时被激活(如环境中的其他刺激),所以说话人想要表达目标概念还要经历一个选择过程。几乎所有的模型都假设词汇通达会导致许多词被激活,词汇选择过程负责从候选词中选择目标词。

拉赫伊(La Heij, 2005)认为,通常情况下,说话者希望通过言语获得对话另一方的反应,如果提出一个问题,他们期待听到答案;如果提供信息,他们希望被理解;如果发出命令,他们希望看到相应的行动。换言之,说话者通过发出"口头信息"来达到"交际目的"(Levelt,1989)。鉴于说话人的言语行为都是有目标的,接收人对言语信息 A 和 B 的反应不同,那么对于接收人而言,信息 A 和 B 的意义就不同。首先,社会情境可能要求说话者使用正式的语言或俚语。其次,接收人的敏感性可能要求使用委婉语或避免使用禁忌词。再次,接收人的语言水平可能会决定避免使用低频词还是高频词。最后,关于接收人对谈话主题的熟悉程度可能会决定谈话内容类别的选择。即使在实验室环境中,说话者对刺激物的反应方式也截然不同。同一个刺激物,如小狗图片,可能会被命名为动物、猎犬、狗、幼犬、小狗、幼崽、拉布拉多犬等(Levelt et al.,1999)。在大多数实验中,由于语境因素(任务指令)的影响,被试产出了正式的、基本的名词(dog)。传统模型通常假设在命名任务中,先由目标刺激激活概念,再由概念激活心理词汇中相应的目标词。然而,将概念表征的激活和选择视为构建语前信息的一个步骤可能更为现实(Levelt,1989),因为这个过程会将语境因素也考虑在内。

列维特(Levelt,1989)和勒洛夫斯(Roelofs,1992,1996)的概念选择理论认为,单词的意义是类似于字典的一个由概念特征组成的列表。例如,母亲可以由两个特征来表征:家长和女性。但是,该理论似乎无法解释说话人是如何在"母亲"和同义短语"女性家长"以及上位词"家长"之间做出选择的。于是列维特提出了特异性原则,该原则能够防止错误提取上位词来替代下位词。勒洛夫斯提出了一种非分解的观点,即"女性家长"、"家长"和"母亲"等词汇概念由单独的节点表征。目标词提取是从激活"母亲"开始的,而不是从激活"女性"和"家长"的表征节点开始的。

拉赫伊(La Heij,2005)提出了一种简单的方法来测试两个词汇是否有不同的意义。很容易想象在现实语境中,没有说话人会将"母亲"错用成"女性家长"或"女性养育者",因此,拉赫伊认为,在提供了前言语信息的条件下,不存在同义词汇间的竞争问题。

显然,简单的特征列表并不能准确反映词汇的复杂性、模糊性和上下文依赖性。因此,唯一可靠的语义信息就是说话人和接收人的行为,即接收人对"母亲"和对"女性家长"的不同反应决定了词汇概念的差异。假设一个词的意义包括微妙的语用和情感,那么其潜在的概念表征是丰富和复杂的,概念节点的组合以及上下位词的区分远不足以准确反映词汇的全部含义。

布洛姆和拉赫伊(Bloem & La Heij,2003)的研究提供了有力的证据。该研究采用语言产出任务,要求被试命名的目标材料伴随相关词汇或语境图片一同呈现。结果显示,语境词会引起语义干扰。然而,上下文图片显著促进了目标命名,表明上下文图片在词汇层自动激活了对应词汇。为了解释语境图片的语义促进效应,拉赫伊对传统模型做出了修正:词汇意义选择仅取决于前言语信息,即前言语信息激活了语义相关词。

拉赫伊(La Heij,2005)认为,目标词的选择是基于前言语信息相关的概念,即并非所有概念都激活了相应的词汇表征,只有与前言语信息相关的概念才能得到激活。前言语信息包含大量的信息,如语域特征(书面或口语)、语言特征(英语或汉语)等语义信息以及其他相关信息(如说话人和对话情境等)。如果目标词比对译词更好地对应前言语信息,则目标词的激活程度高于对译词。如图3-17所示,双语者两种语言中具有相同概念信息的单词均被激活。由于语言线索信息的作用,目标语言词汇的激活水平最高,因而被选择。例如,对于荷兰语-英语双语者,当呈现"狗"的图片时,"dog"、"hond"(荷兰语中的"狗")和"labrador"(拉布拉多犬)同时被激活,但当有荷兰语线索的作用时,"hond"的激活水平最高并被选择(邹丽娟,丁国盛,2014)。此外,该理论认为,非目标词也会被激活,与目标词相关的语义词的干扰效应更大。

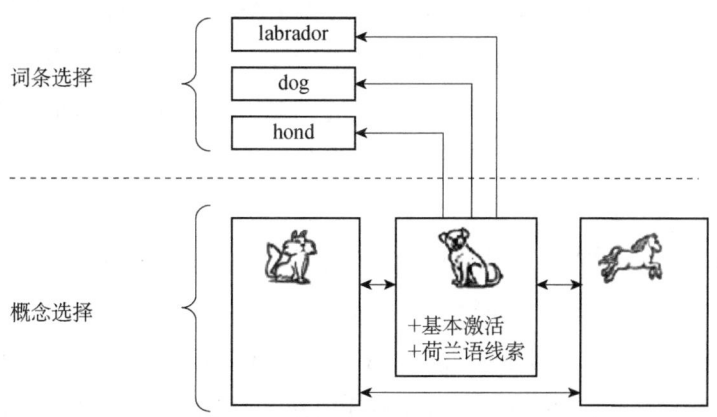

图 3-17　概念选择理论示意图

资料来源:邹丽娟,丁国盛. 2014. 双语者言语产生中词汇通达机制的理论观点及分歧. 北京师范大学学报(自然科学版),(4):435-440

4. 反应选择假说

马洪等（Mahon et al., 2007）的研究分析了词汇选择竞争假说，指出传统研究中语义干扰效应与反应标准的操作相混淆：语义类别和无关分心词在是否满足目标图片的任务语义约束方面存在差异。马洪等操纵语义距离，同时保持语义相近和语义较远的分心词条件恒定。结果发现，命名潜伏期随着动词分心词和目标图片之间语义距离的减小而缩短，这表明语义干扰效应不仅仅是由于对语义距离的操纵。研究还发现，反应标准能够比语义类别限制更好地解释词汇选择中为何无关名词分心物比无关动词分心物对命名的干扰更大。操纵语义相关分心词相对于目标图片足以产生语义干扰，从而证实了语义关系在不同语义距离下的干扰效应。在已知的语义干扰和促进效应下，马洪等（Mahon et al., 2007）的研究的重要意义在于，发现了纯粹的语义距离效应只有在语义相近和语义较远的分心词与目标图片所要求的反应标准相符时才能被检测到。从词汇选择竞争假说的角度对语义干扰效应进行推测，命名潜伏期随着类别内分心词和目标图片之间语义距离的减小而增加。然而，马洪等（Mahon et al., 2007）发现，减小分心词和目标图片之间的语义距离缩短了命名潜伏期。这表明，语义干扰效应并不支持词汇选择竞争假说，从而证明传统研究混淆了语义距离与反应标准，实际上并没有可靠的证据支持词汇选择是通过竞争实现的。

于是，马洪等（Mahon et al., 2007）提出了另一种解释语义干扰效应的观点，认为图-词干扰效应的关键在于语义相关和无关分心词是否满足目标图片语义约束条件。为了将这种描述性分析转化为对语义干扰的因果解释，有必要具体说明排除与分心词相对应表征的决策机制。马洪等认为，语义干扰效应产生于词汇后处理水平，并且反映了目标表征作为对目标图片的潜在反应被排除的速度（Dyer, 1973; Klein, 1964; Morton, 1969; Glaser & Düngelhoff, 1984; Lupker & Katz, 1981; MacLeod, 1991）。具体来说，对应无关的分心词的备择表征比对应满足目标图片要求的分心词的表征更容易被排除。

卡拉马扎等（Caramazza et al., 2005）基于采用Stroop任务的研究，提出了将反应选择假说作为词汇选择竞争假说的替代方案。反应选择假说并不是词汇通达模型，而是试图解释个体如何完成Stroop任务，采用Stroop任务的实验证据常被用来支持不同的词汇通达模型。反应选择假说质疑了使用不合理的干扰任务来检验词汇通达模型的有效性。因此，该假说的动机是从外围决策层面的过程来解释 Stroop 任务中的干扰现象，这些过程不涉及词汇选择机制。如果不需要诉诸词汇选择机制来解释 Stroop 任务中的干扰效应，相应地就能提出一种更简单的机制来解释词汇选择机制，即可以直接用反应选择理论来解释图-词干扰任务或语言转换任务的研究结果。于是，卡拉马扎等（Caramazza et al., 2005）提出了一个更简单的激活阈值选择假设，即只有激活程度达到阈值的词汇才能被选择。

反应选择假说基于以下假设。第一个假设是，在类似 Stroop 的命名任务中，每个刺激提供了两种可能的反应，假设被试不得不制定两种语音反应以应对刺激，从两种备择反应中选择正确反应，并且将另一种备择反应从产出缓冲区中排除。第二个假设是语音产出系统限制，即只有一个输出通道，并且在该通道上一次只能产出一种反应。在 Stroop 任务中，个体对单个刺激产生两种备择反应，假设个体必须在备择反应之间做出决定，并从产出缓冲区中移除不适当的反应，以便通过输出通道产出。选择过程有三个关键点：①假设反应选择过程发生在产出缓冲区中，而不是在词汇缓冲区中。②假设决策机制从首先可用的反应开始以串行方式对可用反应进行操作。③假设决策层反应选择过程的完成速度受到非目标反应与任务的相关性的调节。当一种语音反应提取成功时，它携带的分类信息、来源（单词刺激与图片刺激）和词汇信息（如语法类和语言身份）都会被反应选择机制作为决定接受或拒绝反应的依据。备择反应与特定任务中建立的反应选择标准之间的单一项目不匹配就可作为拒绝该反应的依据。例如，如果任务是用英语命名图片，而反应词是西班牙语，被试能够在反应词进一步参与选择过程之前将其拒绝。相反，如果一种反应满足多个选择标准，拒绝反应将会花费更长的时间，从而导致图片命名延迟。

相关研究结论支持了反应选择假说。例如，米奥佐和卡拉马扎（Miozzo & Caramazza, 2003）的图-词干扰研究发现，低频干扰词的干扰程度大于高频干扰词。高频干扰源由于具有相对较高的激活水平，应该会比低频干扰源产生更大的干扰。根据反应选择假说，干扰词越早被排除在产出过程之外，图片名称就会越早被选择，而且由于高频干扰词比低频干扰词更早地被用于产出，因此反应选择机制能够更快地拒绝高频干扰词。

语义选择竞争假说预测所有语义相关词都会比无关分心词产生更大的干扰，因为语义相关词会同时受到图片刺激的激活，所以语义相关词的激活程度更大。然而，科斯塔等（Costa et al., 2005）发现，尽管语义近似词对（比如，car-truck）会引起干扰，但无关分心词，如"has-a"却促进了被试对图-词对（比如，car-bumper）的反应。由于目标词和干扰词共享语义信息，需要更长的时间拒绝语义相关词的干扰，因此决策机制不能仅依赖不匹配的语义信息来排除干扰。在"has-a"作为无关分心词的情况下不应产生竞争，因为它们与命名（例如，"car"）的任务没有关联，但是为什么"has-a"无关分心词会促进图片命名呢？在没有任何反应相关性的情况下，反应选择过程的成本是最小的，即无关分心词在两个不同的层次上进行处理，从而产生两种不同的结果。在语义层，所有的激活都被认为是促进性的，因此分心物和目标物之间的语义关联导致了这个层面上的启动。在反应选择层，分心物和目标物之间的共享语义关系消除了选择机制用于拒绝单词命名反应的特征，从而导致反应延迟。

在另一项研究（Finkbeiner & Caramazza, 2006）中，分心词以掩蔽方式呈现，干扰效应被完全逆转，语义相关干扰词以掩蔽方式呈现时促进了命名。语义选择竞争假设认为，语义相关词比无关词的干扰性更强。芬伯纳（Finkbeiner）和卡拉马扎（Caramazza）认为，掩蔽过程阻止了语音结构反应的形成，从而阻止了决策层反应选择过程的参与，只留下了语义启动的效应。也就是说，掩蔽过程有效地将具有两种可能反应的Stroop刺激转化为只有一种反应（图片命名反应）的单一刺激。反应选择假说对双语图-词干扰研究的预测是，非目标语言干扰比目标语言干扰满足更少的反应选择标准，因此，在决策过程中，前一种干扰比后一种干扰更容易被拒绝。在有非目标语言干扰的情况下，被试能够比在有目标语言干扰的情况下更快地命名图片。

综上所述，芬伯纳和卡拉马扎（Finkbeiner & Caramazza, 2006）提出的反应选择假说认为，双语目标词的选择不是基于竞争机制，而是基于通达阈限。首先达到激活阈值的是目标词，非目标词的激活程度不会影响目标词的激活程度。此外，在目标词达到激活阈值之前，有利于目标词选择的反应信息（包括目标以及非目标反应信息）都会促进目标词的反应。

该假说可以解释低频词干扰效应、词对促进效应、语言效应、言语一致促进效应、对译词促进效应、非目标语言语义不相关词促进效应及目标语言语义不相关词干扰效应。但该假说并未明确反应选择的形式以及如何对通达阈限的过程进行定性和定量的测量，也未强调非目标信息在阈限达成中的干扰作用，这一假说是否符合现代心理物理法中关于信号加工的规律还有待验证（邹丽娟，丁国盛，2014）。

综上所述，非特定语言选择理论、特定语言选择理论、概念选择理论和反应选择假说均认为双语者的两种语言同时被激活，但针对目标词的选择机制却给出了不同的解读（表3-2）。目前，四种理论尚存在一定的争议，还有待进一步研究和验证。

表3-2 双语者言语产生中词汇通达四种理论的比较

理论	目标词的选择机制	目标语言和非目标语言是否同时被激活	非目标语言的作用	支持的证据	不支持的证据或存在的问题
非特定语言选择理论	通过对非目标词的抑制选择目标语言	同时激活	干扰目标语言通达	言语切换不对称性效应、语义相关干扰效应	熟练双语者不存在切换代价不对称性
特定语言选择理论	目标词的选择在目标语言语义相关词中完成	同时激活	促进目标语言通达	对译词促进效应	语言效应
概念选择理论	前言语信息与目标词的匹配程度高，决定了目标词首先被选择	同时激活	促进目标词语义相关词的激活，使得语义相关词的干扰效应更大	目标词语义相关干扰效应、切换不对称性效应	对译词促进效应
反应选择假说	最先达到激活阈限的目标词被激活	同时激活	调节或促进目标词的反应	低频词干扰效应、词对促进效应、语言效应、语言一致促进效应、对译词促进效应、非目标语言语义不相关词促进效应、目标语言语义不相关词干扰效应	反应选择机制的形式不清楚；阈限的测量问题；非目标信息的干扰作用

资料来源：邹丽娟，丁国盛. 2014. 双语者言语产生中词汇通达机制的理论观点及分歧. 北京师范大学学报（自然科学版），(4)：435-440

第四章

双语学习的转换与认知优势

随着社会的发展和民族交流与交融的推进，双语者或者多语者越来越多。为了促进交流，他们需要根据实际情境在不同的语言之间转换，与之相伴随的语言转换和语言转换代价成为研究的热点问题。此外，使用多种语言是否会对更普遍的认知产生影响，继而表现出优势效应，也是当代心理语言学中研究者激烈争论的一个问题。

第一节 语言转换与语言转换代价

认知心理学认为,语言转换是一种精细而复杂的认知活动,包括语言产生转换和语言理解转换。目前,对语言产生转换的研究较多,并取得了大量的研究成果,而对语言理解转换的研究还在探索中(王瑞明等,2015)。语言转换代价是指语言转换中出现的消耗,是语言转换的外在表现形式。研究者可以使用语言产生和语言理解的研究范式对语言转换与语言转换代价进行研究,并通过考察语言转换代价的来源、认知及神经机制的方式探究语言转换的机制。

一、语言转换与语言转换代价的界定

(一)语言转换

语言转换是指掌握两门或两门以上的多语者在进行口头交流、阅读以及书写时,从一种语言转换到另一种语言(从 L1 转换到 L2 或从 L2 转换到 L1)的现象。语言转换可以是学习与交流的策略,也可以是创造性和创新性的过程,但在认知心理学中更多的是一种认知活动,包括语言理解和语言产生两个领域(王瑞明等,2015)。因此,语言转换包括语言产生转换和语言理解转换两种。

语言转换有时也被称为语码转换或语码切换,实际上,语言转换比语码切换的范围更广泛。因为语码切换主要指词汇间的转换,而语言转换不单单是指词汇间的转换,更多的是指两种语言之间的转换。目前,语言转换的研究中主要关注的是语码切换的研究,并通过使用语码切换的研究范式来探讨语言转换的机制。

在进行语言转换时,双语者需要从心理词典中提取当前所需语言的目标词,并尽量减少非目标语言的非目标词的影响。因此,语言转换的机制主要围绕以下三个问题展开:①语言转换中,双语者使用目标语言时,非目标语言是否会被激活;②若非目标语言被激活,这种激活发生在哪种层面;③若非目标语言被激活,激活的非目标语言会对目标语言产生怎样的影响(王瑞明,范梦,2010)。另外,语言产生和语言理解是语言加工的两个独立过程,语言转换研究也主要从语言产生转换和语言理解转换两个方面展开,从而对语言转换机制的三个问题进行回答。

（二）语言转换代价

在双语者语言转换的过程中,经常会出现反应时延长、错误率增多的现象(高蕾等,2018),这种现象被研究者称为转换代价。语言转换代价被认为是语言转换的外在表现形式,是研究语言转换的一个外在量化指标(常欣等,2017)。转换代价最初是研究者在考察不同难度的任务转换时发现的一种现象。研究者发现,与在一项任务即将完成时出现不同难度水平的任务相比,若在一项任务即将完成时出现了相同难度水平的任务,那么个体的反应时会延长。莫伊特和奥尔波特(Meuter & Allport, 1999)将这种研究范式引入语言认知领域的研究中,发现与无转换系列的数字命名任务相比,初学双语者在转换系列的数字命名任务中的反应时更长、错误率更高。这说明在语言转换中,双语者在混合语言系列的加工中所需的反应时比单一语言系列的反应时更长,且错误率更高。具体而言,L1 的转换代价是指 L1 转换试次与 L1 重复试次的反应时或错误率的差值,L2 的转换代价则是 L2 转换试次与 L2 重复试次的反应时或错误率的差值(刘欢欢,陈宝国,2015)。在语言转换代价中,存在转换代价的对称性与不对称性现象:对称性指熟练双语者 L2-L1 方向和 L1-L2 方向的转换代价是一样的;不对称性指非熟练双语者的 L2-L1 方向的转换代价大于 L1-L2 方向的转换代价。

对于语言转换代价产生的原因主要有三种观点:①语言转换发生在心理词典内部(刘欢欢等,2013),即双语者在掌握的两种语言之间进行转换时,两种语言在心理词典内部都有激活,在选择过程中会出现竞争,因此会导致转换代价的出现(Chauncey et al., 2007; van der Meij et al., 2011; 马恒芬等,2019)。②语言转换发生在心理词典外部(刘欢欢等,2013)。双语者在加工两种语言时所使用的认知策略不同,完成语言或语码切换的过程实质上是任务之间的切换,因而语言切换发生在心理词典外部。③语言转换是心理词典内部和外部共同作用的结果(马恒芬等,2019)。有研究者发现,不仅词汇识别和语义整合中出现了转换代价,在语言加工的晚期阶段也出现了转换代价,因此他们认为内、外因素的共同作用导致语言转换代价的出现。

二、语言转换与语言转换代价的研究范式

因语言产生有别于语言理解，对语言产生转换与语言理解转换的研究范式也不尽相同（王瑞明等，2015）。语言产生转换中的研究范式主要是使用语言转换范式探讨双语者在加工目标语言时如何对相应的非目标语言进行加工，或者要求双语者根据提示或者当前的语言背景来进行语言转换。语言理解转换中的研究范式主要是要求双语者在对目标语言进行加工时忽略非目标语言的影响，而实际上重点考察被试对非目标语言的加工情况，进而推论被试在语言转换中对非目标语言的加工机制（王瑞明等，2015）。语言产生转换中的研究范式具体包括数字命名范式、图片命名范式、数字命名和图片命名相结合的范式、图-词干扰范式、同源词范式以及言语流畅性任务，而语言理解转换中的研究范式具体包括阅读范式、词汇判断范式、跨语义范畴归类范式以及跨语言启动范式等。随着认知神经科学的发展，研究者将这些行为研究范式与 fMRI 技术、ERP 技术、经颅磁刺激（transcranial magnetic stimulation，TMS）技术等相结合。

（一）语言产生转换中的研究范式

1. 数字命名范式

随机呈现给被试一个蓝色或红色长方形背景中的阿拉伯数字，被试根据每个数字显示的背景颜色对数字进行命名。例如，英语-法语双语者可能会被告知"蓝色"表示用英语命名（L1），而"红色"表示用法语命名（L2）（Meuter & Allport，1999）。若前后两个试次中长方形背景的颜色不同，则命名语言需要转换（切换序列）；若前后两个试次中长方形背景的颜色相同，则命名语言无需转换（无切换序列）。实验中，可通过切换序列和无切换序列得到的反应时、错误率的差异验证语码切换代价是否存在。该范式的使用可以区分从 L1 到 L2 以及从 L2 到 L1 的不同转换方向，并在应用中发现了语言转换代价的存在。但该范式中实验材料只是几个阿拉伯数字，并不能很好地代表现实中的实物，研究结果的可推广性受到限制。

2. 图片命名范式

鉴于数字命名范式的局限性，研究者提出了图片命名范式。该范式将数字换成了常见实物的图片，其余操作步骤与数字命名范式相同。图片命名能准确反映

语言生成的不同阶段，即从概念获得到语义与语音激活，再到控制发声器官发出声音。但这一范式需要被试有意识地提取语音和语义信息，这与语言产生的自由化方式不同。

3. 数字命名和图片命名相结合的范式

数字命名和图片命名相结合的范式既可以体现数字命名和图片命名各自的优点，又可以避免两者的不足。研究者采用该范式探讨了被试在转换过程中对另一种语言的加工状态，要求被试依据背景颜色的提示用两种语言对9个数字进行命名，但对数字呈现之后的图片则始终使用被试的母语进行命名。结果发现，前后语言是否相同（数字母语-图片母语、数字第二语言-图片母语）对图片命名的影响不大。研究者将图片命名改为数字计算后发现，前后语言是否相同对数字计算的影响也不大。这说明语言转换过程中另一语言并非一定处于抑制状态。

4. 图-词干扰范式

图-词干扰范式是研究 Stroop 效应的经典范式之一，也是探讨语言产生中语义编码的重要途径。典型的图-词干扰范式是呈现给被试两类图片：一类是需要被试进行正确命名的图片（目标词）；另一类是嵌有干扰词的图片。被试需要忽略干扰词的影响，尽快对图片进行命名。实验中，研究者可以操作图片与干扰词的相似性以及图片与干扰词之间的时间间隔，以便考察干扰词对图片命名的影响（杨玉芳，2015）。例如，干扰词出现在需要命名的图片之前、之后，或与需要命名的图片同时出现，图片与干扰词相近、相似或完全无关等，通过上述操作，研究者可以探讨语音、词性和语义的效应及其机制并考察言语的产生过程。例如，常松等（2013）采用图-词干扰范式，设计了两个实验来探究非熟练中-英双语者在言语产生中非目标语言的激活范围。结果发现，第一语言产生过程中只能激活第二语言中高熟悉的非目标词，第二语言产生过程中会激活第一语言中的非目标词。赵黎明等（2020）采用图-词干扰范式探讨了句子产生中音韵编码的计划广度，并检验了音韵编码的层级激活假设。结果发现，只有第一个名词上出现了语音促进效应。这一结果与层级激活假设相悖，表明句子产生中音韵编码的计划广度为第一个韵律词。图-词干扰范式虽然促进了研究者对语言产生与转换机制的探讨，但该范式中的干扰词本身可启动自下而上的认知加工过程，导致该过程与图片加工过程产生交互作用，使得研究结果变得复杂且不易解释。

5. 同源词范式

同源词指两种语言的翻译对等词在语音、词形（也叫正字法或字形）或者语义上相似，如"骆驼"在西班牙语中是"camello"，在词形上与英语词中的"camel"相似。非同源词指两种语言的翻译对等词具有不同的语音或字形，如"爱开玩笑的人"在西班牙语是"payaso"，而在英语中是"clown"。当翻译对等词在另一种语言中有同源词时，双语者会更快地做出反应，从而出现同源易化的现象。例如，当图片的名字与另一种语言中的翻译对等词是同源词时，双语者会更快地使用另一种语言对图片进行命名。霍希诺和克罗尔（Hoshino & Kroll，2008）采用西班牙语-英语双语者和日语-英语双语者为被试，要求被试用英语分别对同源词图片与非同源词图片进行命名。其中，西班牙语与英语的同源词在语音和字形方面都相似，而日语与英语的同源词只在语音方面相似。结果发现，西班牙语-英语双语者和日语-英语双语者对同源词图片的命名时间都要显著短于对非同源词图片的命名时间，表明双语者存在语音的跨语言激活。

同源词范式有助于研究同源双语者的言语产生，但该范式存在以下不足。首先，因为同源词在语义、字形以及语音方面都可能相似，但该范式未指出目标语言被提取时，非目标语言究竟是在哪个表征水平上被激活。其次，与两种不同的语言呈现刺激材料一样，同源词所呈现的刺激材料也可能会同时激活两种语言。例如，对于西班牙语-加泰罗尼亚语的双语者而言，双语是自然的语言环境，他们可以同时接触这两种语言；而对于汉语-英语的双语者而言，他们只能接触其中的一种语言。因此，当提取其中的一种语言时，仅通过行为上的表现去考察同源效应并不能分离出正在执行的加工过程。

6. 言语流畅性任务

流畅性任务是一种常见的大脑功能神经心理学测量方法，一般要求被试在规定时间内（如1分钟内）说出符合实验要求的单字或词汇，包括字母流畅性任务和类别流畅性任务两种（焦鲁等，2016）。字母流畅性任务一般要求个体能够按照某一特定音位快速地产生词汇，而类别流畅性任务一般要求个体按照语义类别快速地产生词汇。研究者采用言语流畅性任务研究发现，双语者在该任务中表现出双语劣势（Rosselli et al.，2000；Gollan et al.，2002；Bialystok et al.，2008，2012；

Luo et al., 2010)。例如，亚韦斯托克等 (Bialystok et al., 2008) 发现，单语者在言语流畅性任务上的表现更好；桑多瓦尔等 (Sandoval et al., 2010) 也发现，双语者在类别流畅性任务和字母流畅性任务中都表现出正确反应更少、流畅性更差。

（二）语言理解转换中的研究范式

1. 阅读范式

有关语言理解过程中语码切换的研究最早采用的是阅读范式，该范式要求被试阅读由两种语言组成的混合词单和由一种语言构成的词单，前者需要被试进行语码切换，而后者不需要被试进行语码切换 (Dalrymple-Alford, 1985)。研究发现，在需要语码切换的任务中，被试的阅读速度明显慢于其在不需要语码切换的任务中的阅读速度。

阅读范式简单易行且受客观条件的限制较少，但采用该范式的研究大多只记录被试阅读一篇文章的时间，没有对照实验，而在阅读期间的不可控因素又较多。因此，使用该范式进行的研究易导致实验结果不能反映真实的语码切换过程（马恒芬，何立媛，2014）。

2. 词汇判断范式和跨语义范畴归类范式

鉴于阅读范式的不足，研究者依据不同实验目的，通过变化刺激特征、任务类型和呈现情境等方式，采用词汇判断范式和跨语义范畴归类范式研究语言理解过程中语码切换代价的影响因素 (Orfanidou & Sumner, 2005；刘欢欢等，2013)。

在词汇判断范式中，被试需完成真词、假词判断。具体而言，刺激材料包括基于特定正字法的、在两种语言中都可拼读的、在两种语言中均有真词且语义相近的同源同形异义字 (cognate homograph)，以及在两种语言中均为真词但语义不同的语际同形异义字 (inter-lingual homograph)。呈现情境包括提示语言线索与任务语言类型一致的（如法语-法语真假词），以及提示语言线索与任务语言类型不一致的（如法语-英语真假词）材料。任务要求包括语言相容的 (language-lnclusive，只要是真词就做"yes"反应，不考虑任务语言类型) 及语言排斥的 (language-exclusive，依据线索提示的任务语言类型，符合任务语言类型的真词才做"yes"反应) 任务；而在跨语义范畴归类范式中，先呈现范畴名，再呈现范畴的实例，范畴名和实例所属的语言可能相同，也可能不同，要求被试尽快判断后面呈现的词是否属于先前呈现的范畴。

在这两类范式中，研究者可利用仪器记录被试的反应时和正确率，这样可减少外界因素的干扰，使得结果更加客观、准确。但两类任务都属于外显记忆任务范式，无法排除被试可能采取的内隐应对策略所带来的影响。

3. 跨语言启动范式

鉴于词汇判断任务和跨语义范畴归类任务的不足，近年来，无意识加工研究范式开始被应用到语码切换研究领域中。其中，跨语言启动范式是研究者最常用的一种范式。与传统的启动范式不同，该范式中的启动词和目标词可来自不同的语言类别（崔占玲等，2009）。与启动词和目标词所属语言类别不同相比，当启动词和目标词所属语言类别相同时，被试对目标词的反应更快。

跨语言启动范式能够更为直接、具体地反映双语者的语言加工过程，操作较为简单且不易受外在无关因素的干扰（马恒芬，何立媛，2014）。跨语言启动范式中较为常用的是跨语言长时重复启动范式。该范式包括学习（编码）和测验（提取）两个阶段。一般采用概念范畴匹配任务进行，要求被试判断所呈现的词汇是否属于某一范畴，进而判断学习阶段某种语言的启动词（对译词）是否会对测验阶段另一种语言的目标词的反应产生影响（李利等，2006）。若被试对目标词的再认变得更快、更准，说明两种语言之间存在跨语言长时重复启动效应，也进一步说明两种语言的语义表征是共享的；若启动词对目标词的再认不存在影响，那就说明两种语言之间不存在跨语言长时重复启动范式，也进一步说明两种语言的语义表征是独立的。此外，研究者还会采用分类实验任务或者语义判断任务，要求被试对所呈现的词进行语义判断并做出是否属于同一类别的判断，如判断"苹果"和"水果"的类属关系。若被试在语言内和语言间两种条件下完成上述任务时的反应时没有显著差异，说明两种语言的概念是共同表征的，否则就是独立表征的。

跨语言长时重复启动范式还可以被用来探究语言理解转换中的抑制机制（莫雷等，2005；李利等，2007；Li et al.，2009）、非目标词对目标语言的激活（王瑞明等，2011；吕欢等，2012），以及非目标词对目标语言时间进程的影响（李霓霓等，2012）。此外，该范式可以很好地避免被试有意识地使用策略而对研究产生不利影响，因此，它也成为基于内隐记忆的经典研究范式之一。

（三）行为研究范式与神经影像技术的结合

随着认知神经科学的发展，无创伤性脑功能成像技术被引入语言转换的研究中。行为研究范式与神经影像技术的结合，有助于研究者从时间和空间两方面理解双语者或多语者进行语言转换的过程和脑机制，从而为双语者或多语者语言转化的产生机制提供更直接的证据（马恒芬等，2019）。例如，有研究者（Guo & Peng，2006）采用图片命名范式与 ERP 技术相结合的方式考察非目标语言的语音激活状况，结果发现，被试对语音一致词的命名时间显著短于对语音无关词的命名时间，且语音一致词所引发的 N400 波幅显著小于语音无关词，双语者在使用目标语言时，非目标语言的语音同时也被激活。刘等（Liu et al.，2018a）在研究语言理解的加工过程时发现，被试在进行内部语言切换时，切换到 L2 比切换到 L1 会引起更大的 LPC，说明语言理解过程中存在抑制控制现象。此外，研究者将跨语言启动范式与 fMRI 技术相结合来研究双语转换的脑机制，如埃尔南德斯等（Hernandez et al.，2000）采用 fMRI 技术考察被试在图片命名任务中的大脑激活情况，发现相对于单一语言的无转换系列，被试在转换系列中的背外侧前额叶皮层的激活强度增大。

三、语言转化代价的来源

对语言转换代价来源的分析有助于揭示语言转换的机制。常欣等（2017）的研究发现，抑制控制、语言熟练度、与任务相关的客观因素（如实验材料、实验任务设置）以及被试自身的认知能力（如工作记忆）等都是语言转换代价的主要来源。

（一）抑制控制

抑制控制主要是从认知层面解释低熟练度双语者的语言转换代价的来源，即对于低熟练度的双语者而言，抑制控制的使用使得语言转换过程中出现了语言转换代价的不对称性。例如，莫伊特和奥尔波特（Meuter & Allport，1999）采用数字命名范式进行了实验，发现从 L2 切换到 L1 的代价要大于从 L1 切换到 L2 的代价，即出现了双语转换的不对称性。这是因为被试对 L1 的熟练度高于对 L2 的熟练度，使用 L1 进行命名时，被试无需调动更多的心理资源便可抑制 L2 的激活，而使用 L2 进行命名时，则需要调动更多的心理资源才能抑制 L1 的激活。佩特斯等（Peeters et al., 2014）使用法-英双语者为被试，在图片命名任务中进一步证实了语言转换代价的不对称性以及抑制控制的效应。研究者（Jin et al., 2014）以低熟练度的汉-英双语者为被试，采用图片命名任务与 ERP 技术相结合的方式证实了语言切换代价的存在。另有研究（Liu et al., 2018b）提示，在 L2 学习的初始阶段，个体的抑制控制能力可在语言转换中抑制非目标词汇的激活，相关训练有助于提高语言学习初期的语言转换效率。常欣等（2018）选用一般抑制控制能力高和抑制控制能力低的两组低熟练汉-英双语者为被试，考察了抑制控制能力对语言转换代价的影响，结果发现，抑制控制能力低的不熟练双语者表现出更大的语言转换代价，且经过抑制能力训练后，语言转换代价变小。

（二）语言熟练度

语言熟练度是从习得层面解释 L1、L2 均为高熟练度的双语者的语言转换代价的来源。研究者认为，高熟练度的双语者可能存在一种特殊的词汇选择与加工机制使得他们较少使用抑制控制，从而在语言转换中表现出语言转换代价的对称性。需要注意的是，高熟练度的双语者并不总是表现出语言转换代价的对称性，例如，科斯塔和桑特斯特班（Costa & Santesteban, 2004）的实验发现，高熟练度的双语者在掌握的三语（L3）和新近学习的四语（L4）之间进行语言转换时，会再次出现转换代价的不对称性。因此，研究者认为，抑制控制与语言熟练度在语言转换代价中是共同起作用的，双语者在语言转换中的抑制控制会受到语言熟练度的调节，即高熟练度双语者在两种熟练度较高的语言之间进行切换，或者在高熟练度与低熟练度语言之间进行切换时会表现出语言切换代价的对称性，而在两种熟练度较低的语言之间进行切换时则会表现出语言切换代价的不对称性（常欣等，2017）。

（三）与任务相关的客观因素

与任务相关的客观因素包括实验中任务难度、任务类型、刺激材料本身的特征以及刺激呈现前的准备时间等。

1. 任务难度与任务类型

在任务难度方面,塔尔科夫斯基等(Tarlowski et al., 2013)研究了双语者(L1为葡萄牙语、L2为英语)在简单句法结构中的语言转换,任务要求被试用不同的语言(L1或L2)描述呈现图片的具体内容,并完成主谓句型的进行时态或者完成时态的句子。结果发现,被试在完成时态的句子中的转换代价是对称性的,而在进行时态的句子中的转换代价是不对称性的;用L2完成不同时态的句子时,转换代价无明显差异,而用L1时却存在显著差异。这说明L1和L2的不同语言结构影响了语言转换代价。

在任务类型方面,德克莱尔和菲利普(Declerck & Philipp, 2015)研究了双语者(L1为德语、L2为英语)在非特异性句子、特异性句子以及错误句子中的语言转换,要求被试选择语言的序列(L1-L1-L2-L2)或者对具体的语言序列做出反应。其中,非特异性句子指的是句子在两种语言的句法结构上都正确,特异性句子指的是句子只在一种语言的句法结构上正确,而错误句子指的是句子在两种语言的句法结构上都不正确。结果发现,非特异性句子中的转换代价并不明显,而特异性句子和错误句子中的转换代价比较明显,且特异性句子和错误句子中的转换代价大于非特异性句子中的转换代价。

2. 刺激材料本身的特征

刺激材料本身的特征也会影响双语者语言转换代价的模式。例如,芬伯纳等(Finkbeiner et al., 2006)根据刺激引起的反应类型的数量不同,将刺激分为一价刺激和二价刺激。前者指只引起一种反应的刺激,而后者指会引起两种反应的刺激且在任务转换中可引起转换代价。莫伊特和奥尔波特(Meuter & Allport, 1999)使用数字(二价刺激)作为刺激研究语言的转换,因为数字可以用L1和L2两种语言进行命名,所以他们发现的抑制可能是由刺激物本身的特性引发的,而并非由语言抑制引发。芬伯纳等(Finkbeiner et al., 2006)采用数字(二价刺激)和图片(一价刺激)命名任务研究语言的转换,发现双语被试对于一价刺激未出现转换代价的不对称性,而对二价刺激表现出转换代价的不对称性。德克莱尔等(Declerck et al., 2015)的研究在视觉线索之外增加了听觉线索,发现两者均存在转换代价，且前者的转换代价要大于后者的转换代价。

3. 准备时间

实验中，刺激呈现前的准备时间也会影响语言转换代价的大小，尤其在自主切换条件下表现得尤为突出，可能是因为在此条件下，被试可以自行决定使用哪种语言对呈现的图片进行命名。研究发现，若刺激呈现前被试的准备时间较短，则会出现语言转换代价的不对称性；而若刺激呈现前被试的准备时间较长，则会出现语言转换代价的对称性。例如，研究者（Ma et al.，2016）通过将目标刺激呈现在语言线索之前，从而延长被试选择目标语言并对目标词汇进行命名的时间，结果发现，被试表现出语言转换代价的对称性。这说明准备时间可作为一个重要的调节变量来调节其他因素（如抑制控制）对转换代价的影响。

（四）工作记忆

工作记忆是指信息加工过程中对信息进行暂时存储和加工的、容量有限的记忆系统，是一种对当前工作状态的记忆，是高级认知活动的重要基础。巴德雷（Baddeley，1986）认为，工作记忆包括中枢执行系统、语音回路、视觉空间模板、情景缓冲器等四个部分。研究发现，工作记忆对语言转换代价的影响主要体现在工作记忆容量（working memory capacity）的差异以及工作记忆包括的前三个部分中，具体表现为以下几个方面。

第一，通过工作记忆容量影响语言转换代价。陈宝国和徐慧卉（2010）采用眼动技术考察非熟练的汉-英双语者的工作记忆容量差异是否会对第二语言（英语）暂时句法歧义句的加工产生影响。结果发现，在句子不同区段的首次注视时间和总注视时间上，高工作记忆容量的被试均短于低工作记忆容量的被试，而在回扫模式上，高、低工作记忆容量被试的表现则相似。

第二，通过语言切换中的抑制控制影响语言转换代价。以往的研究发现，有较强工作记忆的执行控制能力的个体在语言转换中也会有突出的表现，而且语言切换中的抑制控制系统与工作记忆中的中央执行控制系统激活的脑区有一部分是相同的，这说明通过对抑制控制的调节可影响语言转换代价（常欣等，2017）。

第三，在语音回路中通过影响第二语言新单词的习得和第二语言的熟练度来影响语言转换代价。例如，林克等（Linck et al., 2014）的元分析发现，工作记忆不仅会影响第二语言的加工过程，还会影响第二语言熟练度的发展。

第四，视觉空间记忆通过影响文本保存来影响语言转换代价。例如，在文本阅读过程中遇到文本理解困难时，被试可以提取文本在记忆中的视觉空间表征，即可以借助回顾先前阅读过的内容找到理解当前内容的答案（常欣等，2017）。

四、语言转换与转换代价的机制

对语言转换机制的研究既涉及认知机制，也涉及神经机制。对于认知机制，众多研究者从语言转换代价中的不对称现象和对称现象出发进行解释。目前，对于认知机制的研究主要包括抑制控制模型、语言特异性选择模型（language-specific selection model）、任务设置惯性模型（task-set inertia model）和序列难度效应模型（sequential difficulty effect model）等。对于神经机制，研究者除采用熟练与非熟练双语者进行研究外，还试图从一般领域的认知转换的神经机制中寻找语言转换的神经机制。

（一）认知机制

1. 抑制控制模型

这里提及的抑制控制模型实质上是指双语词汇通达中的非特定语言选择理论中提及的抑制控制模型，该模型强调通过对非目标语言词汇的抑制机制实现对目标语言词汇的选择。此外，抑制控制模型假设，双语者对一种语言的抑制程度取决于其对这种语言的熟练水平。一般而言，L1 是双语者的优势语言，而 L2 是弱势语言。当 L1 转换为 L2 时，被试需要对 L1 有较多的抑制；而当 L2 转换为 L1 时，被试不需要对 L2 进行过多的抑制便可完成。因此，抑制控制模型可以解释低熟练双语者的语言转换代价的不对称性，但无法解释高熟练双语者的语言转换代价的对称性。

2. 语言特异性选择模型

语言特异性选择模型实际上与词汇通达中的特定语言选择理论一样，只不过特定语言选择理论强调的是同一种语言内的选择，而语言特异性选择模型强调的是不同语言间的选择。语言特异性选择模型认为，熟练度可调节语言转换代价。对于熟练双语者而言，由于两种或两种以上语言的熟练度接近，他们在完成语言转换时相当于单语者的词汇选择与通达机制，因此，语言转换代价是对称的。科斯塔和桑特斯特班（Costa & Santesteban，2004）的研究表明，高度熟练的加泰罗尼亚语-西班牙双语者在进行L1、L2切换以及在强势语言（L1）与另一种较弱的语言（L3）之间进行切换时，没有表现出转换代价的不对称性。因此，他们认为只有熟练度低的双语者才会依赖于抑制控制机制，高度熟练的双语者会依赖于语言特异的选择机制。在另一项研究中，科斯塔等（Costa et al.，2008）用同样的范式对熟练双语者进行了研究，结果表明，被试在L2与L3之间的切换中产生了转换代价的对称性，但在L3与L4以及L1与新学习的语言之间的切换中则产生了转换代价的不对称性。可能的原因在于随着L2熟练度的提高，被试不使用抑制控制，而是学会了一种特殊的方式来控制语言，且在后续学习新语言时也会使用这种方法，但在对语言非常不熟悉的时候（如L4或最近学习的语言），该方法失效，由此再次出现语言转换代价的不对称性。

3. 任务设置惯性模型

任务设置惯性模型认为，被试在完成弱势任务时需要对优势任务进行额外抑制。如果从弱势任务转换到优势任务，被试需要解除优势任务先前受到的抑制，从而增大了转换代价（刘欢欢，陈宝国，2015）。由此可知，抑制在优势任务与弱势任务之间的转换中发挥着重要作用，这与抑制控制模型相呼应。该模型可以解释不熟练双语者的语言转换代价的不对称性，即优势语言的转换代价（L1）大于非优势语言的转换代价（L2、L3）（刘欢欢，陈宝国，2015）。这是因为对于不熟练双语者而言，L1属于强势任务，而L2或L3属于弱势任务，在执行L2或L3转换任务时需要对L1进行抑制，但转换到L1时需要解除之前对L1的抑制。该模型不能解释熟练双语者在L1与L3（L1为优势语言，L3为弱势语言）转换时出现的转换代价的对称性，即优势语言的转换代价(L3-L1)与弱势语言的转换代价(L1-L3)一样（刘欢欢，陈宝国，2015）。

4. 序列难度效应模型

序列难度效应模型认为，困难任务与容易任务之间的转换，既是任务的转换也是难度的转换，且两种类型的转换经常混淆，因为任务转换中包括难度的转换，任务重复中包括难度的重复。对于难度转换，无论当前试次的难度如何，前一个试次任务的难度都会影响当前试次任务的完成。因为困难的任务比容易的任务需要更多的资源，所以就产生了序列难度效应（刘欢欢，陈宝国，2015）。

语言转换中也涉及任务和难度两种类型的转换。对于熟练双语者而言，两种语言的难度差不多，只需完成任务的转换即可，故转换代价是对称的。对于非熟练双语者而言，需完成两种类型的转换，故转换代价是不对称的。例如，德克莱尔等（Declerck et al.，2013）的研究要求非熟练双语者（L1 为德语，L2 为英语）交替使用两种语言按顺序说出星期几（weekdays）和数字（number），Monday-Tuesday-Mittwoch-Donnerstag（前两个词语为英语的星期一、星期二，后两个词语为德语的星期三、星期四），发现 L1 的转换代价大于 L2 的转换代价。因存在序列难度效应，弱势语言（L2）的难度会延迟至优势语言（L1），导致优势语言的反应时更长，转换代价更大。但该模型不能解释非熟练双语者的 L2 重复优势效应。也就是说，L2 为弱势语言，在 L2 重复任务中，L2 的难度会延迟到下一个试次中，此时第二个或第三个重复的 L2 的反应时应该变长，故不存在 L2 重复优势效应，但很多研究却发现了 L2 重复优势效应。

综上可知，前两个模型是解释语言转换的经典模型，后两个模型是从不同角度对前两个模型的进一步阐述，即任务设置惯性模型与抑制控制模型相呼应，序列难度效应模型中难度的转换相当于语言特异性选择模型中的语言的熟练度。抑制控制模型和任务设置惯性模型采用非熟练双语者为被试，考察抑制控制对转换代价的影响；语言特异性选择模型采用熟练双语者为被试，考察熟练度对转换代价的影响；序列难度效应模型从语言难度和任务难度角度解释转换代价的对称性。每种模型虽然可以从不同角度解释部分语言转换代价的现象，但目前的研究主要支持抑制控制模型的观点。研究者认为，熟练双语者之所以表现出转换代价的对称性，是因为他们经常转换两种语言，具备较高的抑制能力，且可进行迁移；而非熟练双语者因抑制能力差，所以表现出非对称性（刘欢欢，陈宝国，2015）。

（二）神经机制

研究者通过比较熟练和非熟练双语者转换的神经机制，发现非熟练双语者完成语言转换时更多地激活前额叶的某些区域，从而支持抑制控制模型的观点；而熟练双语者只激活了前部辅助运动区、前部扣带回和左侧尾状核，说明语言的熟练度可在一定程度上调节语言转换代价（刘欢欢，陈宝国，2015）。

研究发现，语言转换与一般领域的认知转换的神经机制有相似性。例如，在考察语言和非语言转换任务时，研究者发现左侧额下回、额中回、前部扣带回和左侧尾状核都参与了语言转换、认知任务转换和动作序列转换这三种任务（Hosoda et al.，2012）。但也有研究发现，语言转换存在某一特殊机制，可能在一定程度上独立于一般领域的认知转换。例如，阿布塔利布等（Abutalebi et al.，2008）对德语-法语双语者的研究发现，左侧前额叶皮层既参与了语言转换，也参与了重复任务（相当于一般领域认知任务），左侧尾状核和前部扣带回则只参与了语言转换任务。安德森等（Anderson et al.，2018）对英语-法语的双语者与单语者的研究发现，两者在语言与非语言切换任务中均需一般认知控制的参与，但单语者使用的是不同的脑网络，而双语者使用的是一个共享网络。吴俊杰等（2018）的研究发现，双语产生过程中语言控制与一般领域的认知控制的脑机制既有重合也有分离，具体表现为语言控制需要使用一般领域的施加抑制和解除抑制机制。其中，语言控制与施加抑制共同涉及了额上回、前辅助运动区/背侧前扣带回、壳核和右侧顶上小叶的活动；语言控制与解除抑制都需要左侧顶上小叶的参与（吴俊杰等，2018）。综上可知，语言转换与一般领域的认知转换激活的脑区有重叠，说明两者的本质可能相同，但两者的神经机制是否完全相同还有待后续研究的证实。

第二节　双语学习的认知优势效应

语言会对人类的认知产生重要影响，使得双语者在认知能力上表现出一定的优势。研究发现，相比单语者，双语者在阅读中对无关信息的抑制能力、元语言能力等言语方面，以及在学习策略、问题解决、注意力调控、认知切换等非言语方面都表现出一定的优势，研究者将这种现象称为"双语认知优势"（Bialystok et al.，2003）。双语者在选择一种语言的同时会抑制另一种语言，进而增强了执行控制的功能，导致双语者的认知控制技能优于单语者，即表现出双语认知优势效应（Bialystok et al.，2004；van den Noort et al.，2019a）。研究者从语言和非语言两个方面探讨了双语认知优势的存在，并挖掘了双语认知优势的影响因素及其产生的认知和神经机制。尽管大量的研究为双语认知优势效应的存在提供了可靠的证据，但也有研究者对其提出了质疑，并产生了对双语认知优势的一些新认识。

一、双语认知优势效应存在的证据

双语认知优势效应更多地表现在能够同时熟练使用两种不同语言的平衡双语者身上。随着 ERP、MEG、PET 和 fMRI 等现代脑成像技术的使用，研究者发现双语认知优势效应不仅存在于一般的认知控制上，在视觉-空间能力、场独立性、元语言意识等方面也存在，既涉及言语领域方面，也涉及非言语领域方面。

（一）言语领域的证据

语言加工中对无关信息的抑制、语言转换、言语节奏的感知、语音的感知以及元语言意识等方面的研究（何文广，陈宝国，2011），从言语领域为双语认知优势效应的存在提供了证据。

在语言加工时，双语者需要通过操控言语表征的方式对目标语言进行选择，而对非目标语言进行控制，从而发展自身的抑制控制能力，以适应环境和语用的要求。例如，在言语感知中，相比单语者，双语者能摆脱语音相似性的干扰，快速、准确地完成听觉言语理解任务（Blumenfeld & Marian，2011）；双语环境下的婴儿能有效区别语音节奏极为相似的两种语言（Bosch & Sebastian-Galles，2001）；高熟练的双语平衡者能较容易地完成语间的切换（Costa & Santesteban，2004）；双语易化了成人对新颖词汇的学习（Kaushanskaya & Marlan，2009）；等等。

在元语言能力方面，双语儿童可以把握语言的结构，根据任务的要求有意识地调整语言分析策略（Bialystok et al.，2003），并在阅读准备性、语言表达和交流方面也体现出了认知上的优势（Baker，2001）。

（二）非言语领域的证据

研究者从认知控制、注意选择能力、心理理论、记忆、决策、执行功能以及大脑结构等方面寻求双语认知优势效应在非言语领域方面的证据（何文广，陈宝国，2011）。

认知控制是指对思想的协调和调节，以便对环境中的显著刺激做出适当的反应并保持对目标导向行为的关注（Braver，2012），它包括抑制控制、注意力、工作记忆、认知灵活性、计划、推理以及解决问题（Braver，2012）。认知控制和注意选择能力作为一般认知能力的两个核心成分，最能为双语认知优势效应提供证据。亚韦斯托克等（Bialystok et al.，2006）发现，双语者在知觉信息的抑制能力方面优于单语者，在表征能力方面没有差异，这根源于注意抑制方面的优越性。马佳绍娃等（Marzecová et al.，2013）以匈牙利-波兰双语者和匈牙利单语者为被试，采用时间定向（定向效应）、不同持续时间间隔之间切换任务（顺序效应）以及社会类别转换任务的方式研究双语者的认知灵活性，发现双语者在时间定向中未显示出优势，但在时间序列中具有优势。在对性别进行分类时，双语者表现出更低的转换代价，且在特定的转换和不转换条件下的准确率更高。这说明双语者的认知灵活性更强，这一机制适用于时间域（不同时间间隔之间的有效转换），并延伸到社会分类任务的认知控制过程。

随后的研究进一步发现，双语者在心理理论能力、绘画、解决错误信息问题的能力、情节记忆和语义记忆、元认知技能、心理定势的变换、信息更新能力、数字技能等方面也表现出认知上的优势效应（何文广，陈宝国，2011）。研究发现，双语者在注意选择能力以及抑制控制能力（Branzi et al.，2016）、执行加工能力（Sullivan et al.，2014）、工作记忆能力（Blom et al.，2014）等方面都表现出认知上的优势效应。另外，双语还可减少决策偏差（Keysar et al.，2012），并在一定程度上改变双语者的大脑结构（Bellander et al.，2016）。例如，沙利文等（Sullivan et al.，2014）研究了早期第二语言训练对执行控制的影响。他们采用实验组与对照组的方式对单语者进行了为期6个月的西班牙语训练，并在训练前后让其完成Go-No/Go任务、句子判断任务和语言流畅性任务，结果发现，接受西班牙语训练的被试在 Go-No/Go 任务中表现出较大的 P3 波幅，在句子判断任务中表现出较小的 P600 波幅；而在语言流畅性任务中，两组被试在后测中的表现都较好，但无组间差异。这表明简短的语言训练增强了被试的执行功能。

从生命周期的角度看，双语的认知优势效应在婴儿、儿童、成人等生命的不同阶段都有所表现，但侧重点不同。近年来，有关婴儿的研究主要集中在多语言环境中对语音区分的敏感性（Ferjan Ramírez et al., 2017）、将视觉线索作为语言信息的来源（Weikum et al., 2007；Pons et al., 2015；Ayneto & Sebastian-Galles, 2017）、注意灵活性（Kovács & Mehler, 2009a, 2009b；Singh et al., 2015）以及婴儿对出生第一年的事件的概括记忆（Brito & Barr, 2012, 2014；Brito et al., 2014；Brito et al., 2015）等方面；有关儿童的研究主要集中在执行功能（Poarch & van Hell, 2012；Yang et al., 2011；Kapa & Colombo, 2013；Riggs et al., 2014；Poarch & Bialystok, 2015；Yang S & Yang H, 2016；Crivello et al., 2016；Thomas-Sunesson et al., 2018）、注意的灵活性与注意的转换和监控（Wimmer & Marx, 2014）、创造力（Lee & Kim, 2011）以及理论思维（Nguyen & Astington, 2014）等方面；而有关成人的研究主要集中在 Simon（西蒙）任务（Bialystok et al., 2004）、Flanker 任务（Flanker task，侧抑制任务）（Yang S & Yang H, 2016）、Stroop 任务（Bialystok et al., 2014）等具体任务中的执行功能以及冲突监控这一广义的执行功能中（Teubner-Rhodes et al., 2016）。

二、双语认知优势效应的影响因素

以上研究虽然证明了双语认知优势效应的存在，但并不表示所有的双语者在认知控制方面都表现出双语认知优势。只看总体的表现可能会掩盖双语对特定群体的影响，双语认知优势可能仅限于某些年龄组或者在一定年龄之前就开始学习第二语言的双语者（Donnelly et al., 2019），在一些重要的调节因素（例如，个体因素、社会因素以及方法学因素）的作用下，双语认知优势效应可能会表现出个体或群体差异。

（一）个体因素

1. 年龄与性别

在考察年龄的调节作用时，研究者发现，双语认知优势效应在儿童和老年人中被认为是最强的,而在年轻人中没有显示出双语认知优势(Samuel et al.,2018; Donnelly et al.,2019;van den Noort et al.,2019a)。此外,根据发展心理学的相关知识可知,处于不同年龄阶段的个体的言语水平和认知发展水平不同,双语获得年龄对认知的影响效果也不同。研究发现,较早接触双语对儿童的阅读、语言意识、用两种语言表达的能力有效且可弥补文化和社会经济地位的影响(Kovelman et al.,2008),早期的双语者比晚期的双语者在冲突解决中表现出更强的优势(Tao et al.,2011)。但也有研究发现,双语习得年龄和认知优势是呈逐渐增长的线性关系(Luk et al.,2011),即随着双语经验的丰富,认知控制优势也逐渐提升。进一步的研究发现,儿童(或婴儿)阶段获得的这种认知优势效应不是暂时的现象,双语不仅可以促进儿童的认知发展,还可用于阻碍或延缓老年人的认知衰退,从一般趋势上呈现出毕生发展的特点(何文广,陈宝国,2011)。即使不考虑学习第二语言的习得年龄,隐藏在年龄背后的能力倾向、动机、学习策略、学习风格、元语言意识、人格特质(如外向性)等因素也足以影响认知优势效应的大小。

从目前的研究看,认知控制的神经过程存在明显的性别差异,性别可能是调节双语认知优势的一个重要因素,但只有德斯得里和波尼法奇(Desideri & Bonifacci,2018)在研究中控制了性别对双语认知优势的影响,更多的研究则忽略了性别的作用(van den Noort et al.,2019a)。

2. 双语熟练度

康明斯(Cummins,1979)的双阈限理论认为,双语对个体认知能力的影响存在两个阈限,不同阈限的作用效果不同。达到初级阈限,L2不会影响个体的认知发展;而达到高级阈限,L2会促进个体的认知发展,即双语熟练度是影响双语认知优势效应的重要变量。例如,高熟练双语者的发散思维能力较强,能较容易、较好地完成认知切换任务,有更强的元语言意识,能较好地完成句法判断任务。沃曼等(Woumans et al.,2015)的研究发现,语言转换熟练度与平衡双语者的认知冲突的解决存在相关性,而与不平衡双语者和口译员的认知冲突的解决不存在相关性,从而说明语言转换的实践(双语熟练度)能够带来更好的认知控制。

（二）社会因素

尽管研究者从个体角度为双语认知优势效应的存在提供了言语与非言语领域方面的证据，但这些研究很少考虑一些社会因素在其中的作用。研究发现，在控制了社会因素变量后，双语认知优势效应的作用可能会被削弱，这也在一定程度上说明了社会因素是影响双语认知优势效应的不可忽略的因素。例如，莫顿和哈珀（Morton & Harper，2007）的研究对种族和社会经济地位进行了适当的控制，对具有相同种族和社会经济地位的双语和单语儿童实施了 Simon 任务。结果发现，双语和单语儿童在 Simon 任务中的表现相同，而且相对于来自较低社会经济地位家庭的儿童，来自较高社会经济地位家庭的儿童在 Simon 任务中表现出一定的优势，即在较高社会经济地位家庭的儿童中出现了双语认知优势效应。纳伊姆等（Naeem et al.，2018）对高、低社会经济地位的单语者和双语者在 Simon 任务和 TOL（tower of London，伦敦塔）任务中的表现进行了研究，结果发现，双语在提高低社会经济地位被试的加工速度方面有重要作用，但在高社会经济地位的被试中的作用不大，说明社会经济地位是一个重要的调节变量，是区分单语与双语群体的一个可能的替代性解释变量。

越来越多的研究发现，文化因素可能是影响双语认知优势效应的调节因素，甚至是除双语之外的一个替代性解释变量。例如，比亚韦斯托克和维斯瓦纳坦（Bialystok & Viswanathan，2009）的研究采用加拿大的双语儿童、印度的双语儿童以及加拿大的单语英语儿童为被试，结果发现，虽然双语组被试在执行功能上优于单语组，但两个双语组在反扫视任务中的表现相当，说明双语对儿童在这些任务上的表现作用不大，而文化、民族血统以及语言等因素的影响更大。塞缪尔等（Samuel et al.，2018）的研究也尝试从文化角度对双语认知优势进行替代性解释。该研究采用韩国人、英国人以及混合组（来自阿尔巴尼亚、美国等具有第三种文化特征的群体）的被试为研究对象，结果发现，韩国被试的表现始终优于英国被试。研究者认为这可能与文化相关的经历有关，但还不能简单地用"东方""西方"等广泛的概念予以解释。未来的研究还需更缜密的实验设计，以检验文化是作为可替代的解释因素还是作为影响因素对双语者的认知优势效应产生影响。

(三)方法学因素

目前,研究者在验证双语认知优势效应时常常采用 Simon 任务(Simon & Rudell,1967)、Stroop 任务(Stroop,1935)、转换任务(switching task)(Shao et al.,2014)、注意网络测试(attention network test)(Fan et al.,2002)以及 Flanker 任务(Eriksen & Eriksen,1974)。为了验证双语认知优势的普遍性,必须控制所使用的不同任务,以便能够看到不同任务是否会得到相同的研究结果。范登诺特等(van den Noort et al.,2019a)的元分析发现,不同任务中双语认知优势效应的大小不同,这提示方法因素可能是影响认知优势效应的不可忽略的因素。

在使用 Simon 任务的研究中,大多数研究发现了双语认知优势效应,但也有研究发现,在语言的脚本相似性(Coderre & van Heuven,2014)、社会经济地位和种族(Morton & Harper,2007;Naeem et al.,2018)等因素的调节下,双语认知优势并不明显,甚至会消失。在 Stroop 任务中,研究者发现了有利于双语认知优势的证据(Bialystok et al.,2008;Bialystok & Depape,2009;Blumenfeld & Marian,2014;Kousaie & Phillips,2017),但杜纳贝蒂亚等(Dunabeitia et al.,2014)使用语言和非语言的 Stroop 任务未能找到任何证据证明双语认知优势的存在。在转换任务中,一些研究结果证明了双语认知优势的存在(Garbin et al.,2010;Marzecová et al.,2013;Macnamara & Conway,2014),而另有一些研究只是部分支持了双语认知优势效应的存在(Blanco-Elorrieta & Pylkkänen,2016,2017)。

一些研究发现,双语者比单语者在注意网络测试中的表现更好(Costa et al.,2008;Tao et al.,2011;Woumans et al.,2015;Desideri & Bonifacci,2018),但比亚韦斯托克等(Bialystok et al.,2010)研究发现,双语者和单语者在注意网络测试中的得分没有显著差异。在 Flanker 任务中,一些研究者发现了双语认知优势效应(Emmorey et al.,2008;Engel de Abreu et al.,2013;Poarch & Bialystok,2015),但有研究(Kousaie & Phillips,2017)发现了混合性的结果,即与两组年龄较小和较大的单语儿童相比,两组年龄较小和较大的双语儿童之间没有显著差异。

除以上常见的研究任务外,在验证双语认知优势时,还会用到语言流利度、解释和判断任务、N-back 任务、阅读任务、图片-单词识别任务、威斯康星卡片分类测验、TOL 任务、数字跨度任务、反向分类任务等(van den Noort et al.,2019a),

在使用这些任务验证双语认知优势效应存在的普遍性时，研究结论也不一致。

综上可知，个体因素、社会因素以及方法学因素的存在，使得个体和群体之间在双语认知优势效应的表现方面存在差异，今后的研究应该充分考量这些因素的影响，尤其需要一个清晰可测试的双语认知优势工作模型，以便合理解释相互矛盾的研究结论，并进行更科学的方法和结构化的辩论。

三、双语认知优势的产生机制

日常实践中，双语者必须处理或管理两个（或更多的）语言系统（Yang, 2017），为了成功地完成这项任务，双语者在说或识别目标语言时必须抑制来自非目标语言的干扰（Starreveld et al., 2014）。此外，双语者需要能够在从一种语言转换到另一种语言时产生或识别语言转换（Abutalebi & Green, 2008）。与单语者相比，双语者在认知控制能力方面的这种额外训练被认为是双语者在认知控制方面具有这种（双语）优势的原因（Struys et al., 2018）。但也有观点认为，执行控制中的双语认知优势并不直接响应增强的抑制机制，而是响应增强的冲突监控技能和目标导向（Bialystok et al., 2012）。因此，对于双语语言加工的控制机制以及由此产生的认知效应，目前还没有一种单一的解释。有关双语认知优势的产生机制，主要有双语表征的竞争性加工假说（competed processing hypothesis of bilingual representations）（实质上为抑制控制假说）、适应性控制假说（adaptive control hypothesis）以及执行注意假说（executive attention hypothesis）。

（一）语言加工认知机制

1. 双语表征的竞争性加工假说

双语表征的竞争性加工假说实质上是抑制控制假说，该假说认为，在交流的过程中，目标语言和非目标语言都被激活，而为了使目标语言使用顺畅，需要对目标语言进行有意识的选择，同时对非目标语言进行持续的抑制（何文广，陈宝国，2011）。因此，双语者的选择注意和抑制能力得到了有效训练，继而发展出较强的心理控制能力。此外，该假说还认为，儿童具有较强的表征能力，使得他们在加工具有共同概念表征的两种不同语言时可以顺利地对词汇进行编码、联结。

因此，若儿童在早期阶段就接触到两种语言和文化，将会使他们的表达更富有弹性，进而使得其心理表征表现出优势（何文广，陈宝国，2011）。

双语表征的竞争性加工假说用对抑制非目标语言的激活解释双语认知优势有其合理性，具体表现为：①该假说可以很好地解释双语者避免语言干扰的效率；②该假说与同时期发展起来的三宅一生等（Miyake et al.，2000）提出的统一和多样性模型（该模型是一个极具影响力的执行功能模型）相兼容，该模型认为，抑制是执行功能的一个成分，至少是双语影响认知机制的一部分。但使用抑制控制对双语认知优势效应进行解释时存在一定的局限性，例如，双语在人类大脑中是分开独立表征还是享有共同的表征系统，抑或拥有更为复杂的表征方式，至今仍处于争论之中（何文广，陈宝国，2011）。再如，有研究发现，双语认知优势效应源于儿童语音发声阶段，而非不同语言表征系统间竞争性加工的结果（Conboy et al.，2008；Emmorey et al.，2008）；但也有研究发现，双语儿童在简单的抑制任务中并不比单语儿童表现出任何特定的优势（Dunabeitia et al.，2014）。科德雷和范修森（Coderre & van Heuven，2014）也否认抑制控制的作用，强调语言的脚本相似性在双语认知优势中的调节作用。基于以上分析可知，抑制控制不是双语经验对认知影响的唯一解释。

2. 适应性控制假说

认识到抑制控制解释的局限性，格林和阿布塔利布（Green & Abutalebi，2013）扩展了抑制控制模型（双语表征的竞争性加工假说），提出了适应性控制假说，以更详细地描述负责双语语言选择的过程及其对认知的影响。该假说认为，语言控制过程本身就会适应互动语境对其的反复要求。调整控制过程意味着改变一个或多个有关控制过程工作方式的参数或者它与其他控制过程协同或级联工作的方式。研究者区分了八个控制过程，这些过程根据语言使用的互动语境类型的不同而不同。八个监控过程分别为目标保持、冲突监控、干扰抑制、显著线索检测、选择性反应抑制、任务脱离、任务参与和伺机规划。单语、双语和密集的代码转换等三个相互影响的互动语境类型对八个控制过程提出了不同的要求。适应性控制假说为理解三个互动语境类型提供了一个极好的框架，并对每个类型中应该出现的认知和大脑变化做出了详细的预测。然而，这一预测还是非常初步的，还需等待进一步的研究。

3. 执行注意假说

研究者认为，表征分析过程和执行注意过程是语言产生的两个重要的认知加工过程。表征分析过程除建构心理表征外，还会对知识进行范畴化和组织化，因此，表征分析过程可以使语言知识得到有效的存储和提取，执行注意过程主要具有目标定向的作用，当竞争性和误导性信息同时存在时，可保证个体获取信息的准确性并使其高效完成认知过程（何文广，陈宝国，2011）。因此，研究者认为，双语认知优势的产生不是表征系统之间的抑制控制的作用，而是执行注意的作用。恩格尔（Engle, 2002）将执行注意称为工作记忆容量，认为工作记忆容量不是指不同个体之间在可以存储多少信息上的差异，而是指个体控制注意力的能力的差异，这种能力使信息保持在一种积极、快速检索的状态。有研究联合考察了双语和注意对执行功能任务表现的影响，佐尔格等（Sorge et al., 2017）采用停止信号任务（抑制）、侧抑制任务（干扰控制）以及青蛙矩阵任务（空间工作记忆），测试了200多名8—11岁的正常发育儿童，并给每个儿童打分，以表明双语经验和注意力控制之间的关系，结果表明，较高的双语分数和较好的注意控制能力均与以上三项任务中的执行功能表现有关，这也表明注意力或者说是执行注意力作为认知控制中的一个成分的重要作用。

比亚韦斯托克（Bialystok, 2017）提出了执行注意假说，建议将执行注意作为解释框架，用注意力系统来解释双语经验的作用。执行注意假说认为，既然双语者的思维是以两种语言的联合激活为特征的，那么其就需要对目标语言进行选择，从而避免非目标语言的干扰。因此，双语者必须适应这种包含共同激活的语言的心理结构以便进行交流。如果管理两种语言的注意力网络是非语言注意力或选择系统的一部分，那么双语能力就能得到发挥，可以影响非语言认知处理的质量或性质，并进而影响这一过程所基于的大脑区域。执行注意成分的效果最强，该成分最有可能与双语加工相关，通过执行注意可以为双语的认知效应寻找到一种机制（Bialystok, 2017）。因此，未来的研究可将视角转换到执行注意力上，用注意力的观点来解释双语认知效应。

（二）神经机制

1. 通过激活前额叶皮层对一般认知能力产生影响

双语认知优势效应不仅有行为上的差异，还有内在神经生理基础的差异。早期围绕脑损伤双语患者的语言丧失和语言恢复的研究发现,大脑损伤后只削弱了一种语言,而对另一种语言无影响,且在语言恢复期也会表现出一种平行恢复或者一种语言恢复得比另一种语言更好(Gomez-Tortosa et al.,1995;Aglioti et al.,1996)。因此,早期的神经心理学研究者认为,L1 和 L2 的语言表征具有独立的脑机制。近年来,学者借助定位精准的 fMRI、PET 等脑成像技术,发现 L1 和 L2 可能具有不同的皮层代表区,L1 和 L2 两种语言是独立存储的,分别有不同的脑区与两种语言的加工相对应(Lehtonen et al.,2005;Rodriguez-Fornells et al.,2005;何文广,陈宝国,2011)。但随着双语认知优势在非言语领域(尤其是在注意选择和执行控制能力方面)的证据越来越充分,研究者认为,言语的控制和加工可能与执行控制、注意选择以及执行功能具有共享的脑区,而这一共享脑区可能是与工作记忆、反应抑制、决策加工以及语言和记忆等均有关联的前额叶皮层(Miller,1999)。因此,有研究者认为,通过前额叶皮层的激活,可对个体的一般认知能力产生影响,继而使其表现出双语认知优势效应(Bialystok,2017)。例如,阿布塔利布等(Abutalebi et al.,2012)使用基于体素的形态计量学的研究表明,双语年轻人的背侧前扣带回皮层的密度高于单语年轻人。Stocco 等(2014)的研究发现,额叶区域的变化,特别是额纹状体和前扣带皮层的变化是被试在注意选择方面表现出认知优势效应的原因。克里兹曼等(Krizman et al.,2014)的研究也发现,前额叶皮层是注意力和控制的核心。同样,细田等(Hosoda et al.,2013)对大学生进行了为期 16 周的外语训练,结果发现,训练组的额下回灰质体积增大,并且这种体积的增大与指令后词汇量的增加相关。总之,越来越多的研究证明前额叶皮层可能是双语认知优势的共享脑区。

2. 单语者和双语者脑结构的差异

根据适应性控制假说可知,大量信息会对大脑造成冲击,使得大脑的结构重组,进而导致脑功能发生变化。关于单语者和双语者脑结构差异的研究主要围绕灰质密度、灰质体积以及白质结构展开。

在灰质密度方面,米凯利等(Mechelli et al.,2004)在以单语者、早期双语者(5 岁前)和晚期双语者(10—15 岁)为被试的研究中,采用基于体素的形态测量法测量三组被试的灰质密度,结果首次发现双语者左侧顶叶下回(left inferior parietal gyrus，LIPG）的灰质密度明显大于单语者，并且对早期双语者的影响更大，还发现 LIPG 同一区域的灰质密度与第二语言熟练度呈正相关，即个体使用第二语言的熟练度越高和经验越多，LIPG 的密度越大。随后，研究者在多语言儿童和多语言能力强的儿童（Della Rosa et al., 2013）、老年双语者（Abutalebi et al., 2015）、晚期双语者（Klein et al., 2014）中再次发现 LIPG 灰质密度的差异。其他研究发现，单语者和双语者在额叶区域的灰质密度上也存在结构差异，尽管与 LIPG 结果的集中程度不同，但这些结果覆盖了更多样化的区域（Abutalebi et al., 2012；Stocco et al, 2014）。也有研究发现，单语者与双语者在颞横回（该区域涉及听觉和语言加工）处的灰质密度也存在结构差异（Ressel et al, 2012）。总之，双语导致的灰质密度的变化不仅发生在与认知控制相关的 LIPG 和额叶区域，还发生在远离认知控制中心的颞横回区域，说明双语经验对大脑结构具有普遍影响。

  因灰质密度随着年龄的增长而下降，研究者提出采用皮层体积的方式比较老年单语者和双语者的脑结构差异，结果发现，单语者的灰质密度确实会随年龄的增长而减小，但双语能防止额叶区灰质体积随年龄的增长而减小（Abutalebi et al., 2014；Olsen et al., 2015）。埃默尔等（Elmer et al., 2014）采用普通双语者和极端双语者（高技能的同声传译者）为被试进行研究，发现极端双语者的许多脑区（如左侧中前扣带回和顶叶下回）的灰质体积都大于普通双语者，但极端双语者的灰质密度却小于双语者。普通双语者在儿童时期就可以熟练掌握双语，而极端双语者通常在成年后才可以熟练掌握双语。因此，他们认为获得这些技能的年龄可能是造成违反直觉的结果的部分原因。

  少数研究者将单语者和双语者的大脑结构特性集中在白质结构上，以研究单语者和双语者大脑中交流束的完整性。研究者（Mohades et al., 2012）发现，相比单语儿童，双语儿童的白质结构与语义处理相关的神经通路有更好的联结，这些神经通路的髓鞘化对早掌握双语的儿童比晚掌握双语的儿童更好。Luk 等（2011）对 70 岁老年人的研究以及普利亚西卡斯等（Pliatsikas et al., 2015）的研究均发现，相比单语者，双语者在胼胝体和延伸到上、下纵束的束中有更高的各向异性分数值。加西亚-彭顿等（García-Pentón et al., 2016）在左半球也发现了类似的区域，发现双语青年比单语青年的白质连通性更好。玛米亚等（Mamiya et al., 2016）也报道了上纵束中较高的各向异性分数值与使用语言的时间长短之间的相关性。但以儿童为被试的研究发现，双语儿童的下额叶-枕叶下束的各向异性分数值高于单语儿童（Pliatsikas et al., 2015），而上纵束的各向异性分数值则低于单语儿童（Luk et al., 2011）。虽然目前还无法清楚地解释上述差异，但小样本的研究证据表明双语者的白质结构比单语者的白质结构有所增加，支持双语在这些效应中的作用。

四、双语认知优势的新认识

总体上看，近年来的研究为双语认知优势的存在提供了一些理论和实证支持，从个体因素、社会因素以及方法因素的角度分析了影响双语认知优势效应的调节因素，并深入探究了双语认知优势效应的认知神经机制，且大多数研究者及其研究结果是支持双语认知优势效应的，但也有一些研究者对双语认知优势是否存在提出了质疑。例如，范登诺特等（van den Noort et al., 2019b）对46项原始研究进行了元分析，发现54.3%（25项）的原始研究确实发现了双语认知优势，28.3%（13项）发现了混合结果，而17.4%（8项）发现了反对双语认知优势存在的证据，且在2004—2012年进行的研究为双语认知优势的存在提供了支持性证据，但从2013—2018年进行的研究中可以看出，其结果更多的是双语认知优势存在的混合发现以及反对双语认知优势存在的证据。例如，在老年人中，双语者在数字和口头任务（Antón et al, 2016）以及Simon任务（Grady et al, 2015）上未能显示出优于单语者的优势。帕普和格林伯格（Paap & Greenberg, 2013）以及帕普等（Paap et al., 2014）没有发现年轻成年人在Simon任务上有优势的证据，甚至还发现了一些单语者存在优势的证据。盖瑟科尔等（Gathercole et al., 2014）在包括儿童、年轻人和老年人等500多人参与的研究中也没有发现双语者在Simon任务上具有优势。帕普等（Paap et al., 2015）也认为，学习和使用第二语言的经验不足以导致双语者与单语者的认知能力之间存在显著差异。

目前，针对双语认知优势效应是否存在的争论者主要有两个派别：一个是以比亚韦斯托克（Bialystok）为代表的支持者派别；另一个是以帕普为代表的反对者派别（陈冬桂等，2019）。争论的焦点主要集中在以下方面：①双语是否是被试表现得更好的原因（Antón et al., 2016; Paap et al., 2017），有无其他可替代的解释因素；②双语者在颜色-形状任务（Prior & Mac Whinney, 2010）、Simon任务

（Bialystok et al., 2004）和空间 Stroop 任务（Blumenfeld & Marian, 2014）上是否真的比单语者表现得更好？针对上述争论，研究者一方面积极寻找在重复检验时得出不一致结论的主要原因，另一方面又从认知储备、文化以及一般的执行控制等视角对双语认知优势效应提出了新的解释。

（一）重复检验失败的原因

不同的研究者或者不同的研究任务中对双语认知优势所得的研究结论不一致，这可能是由以下原因造成的。

1. 样本量过小

研究者认为，先前关于双语认知优势的研究多采用的是小样本研究，小样本更容易得出显著的结果（Bakker et al., 2012; Paap et al., 2015）。因此，先前研究所发现的认知优势效应可能是不可靠的。弗朗西斯（Francis, 2012）也指出，不考虑具体实验的效果量大小以及样本量而进行成功复制的案例实际上可能是失败的案例。实际上，为达到理想的效应水平，每个语言组至少需要 139 名被试（Paap et al., 2015），但目前的研究中每组的被试数远低于理想中的被试数，而且只有极少数的研究采用的是大样本，这可能是造成重复检验结果不一致的原因。

2. 聚合效度低

认知控制成分的测量指标之间的聚合效度（convergent validity）过低，也会导致重复检验结果的不一致。正如上面在论述双语认知优势的影响因素时所述，方法因素是影响双语认知优势的重要调节因素。采用 Simon 任务、Flanker 任务以及 Stroop 任务所测量的干扰效应之间的相关并不显著（Paap & Greenberg, 2013），从而导致得出的研究结论也不一致。也就是说，不同任务中所测得的双语认知优势可能只是基于特定的任务而言的，并不是测得的一般的认知控制优势（陈冬桂等，2019）。

3. 理论建构不一致

研究者对双语认知优势这一现象的认识建立在不同的理论之上，从而导致重复检验结果的不一致。从前面对认知优势效应的机制的论述中可知，抑制控制理论认为，抑制控制是认知优势的原因；自适应控制假说则认为，双语者根据语言情境的变化调整认知控制过程并优化认知控制网络是认知优势的原因；而执行注意力假说认为，通过双语的学习，双语者的冲突监控能力和目标定向能力得以提高，从而表现出认知优势。总之，理论基础的不一致，使得重复验证时所采用的测量指标以及研究方法不同，进而产生了不一致的结果，得出了不一致的结论。

4. 出版或发表偏见

出版或发表偏见的存在也为研究结果的不一致性提供了可能的解释。出版或发表偏见是指阳性结果比阴性结果更容易被出版（陈冬桂等，2019）。帕普等（Paap et al.，2015）认为，关于双语认知优势效应的研究结果存在不一致性的研究结论，在很大程度上是因为支持双语认知优势的研究结果更容易被发表，这可能源于研究范式的需求。也就是说，为了让研究得以继续，研究者一般会倾向于对研究范式的积极结果进行报告，而忽略消极结果甚至是零结果。

针对普遍存在的出版或发表偏见现象，许多研究者一直致力于使用元分析的方式检验在特定领域中是否存在出版偏差（Lane et al.，2016）。例如，德布鲁因等（de Bruin et al.，2015）采用元分析方法研究了1999—2012年探讨双语认知优势的会议摘要，以检验是否存在出版或发表偏见，结果发现，支持双语认知优势假说的积极结果更容易被发表。比亚韦斯托克等（Bialystok et al.，2015）对德布鲁因等所使用的标准提出了质疑，认为会议摘要通常只呈现初步数据，能否成为衡量出版或发表偏见的指标尚待商榷，并提出将阴性结果出版的数量及出版率作为判断是否存在出版或发表偏见的标准。总之，对于双语认知优势中是否存在出版或发表偏见，还有待研究者在判断标准上达成共识，并在此基础上进行更多的元分析，继而明确出版或发表偏见是否是双语认知优势效应重复检验失败的原因。

5. 缺少纵向研究

语言学习是一个复杂的动态过程，个体差异不可避免。目前的研究主要以横断研究为主，并未考虑个体间的差异。短期或长期的纵向设计则将个体差异考虑在内，可为双语认知优势的存在提供更可靠的证据。但迄今为止，只有少数关于L2学习和认知控制的纵向研究。例如，麦克纳马拉和康威（Macnamara & Conway，2014）进行了一项为期两年的纵向研究，发现双语参与者在管理双语需求的认知能力方面有所提高。但他们的研究中没有设置接受其他认知训练（如音乐训练、填字游戏）的单语者作为对照组，研究结论的可靠性值得商榷。巴克等（Bak et al.，2014）的纵向研究发现，双语者的表现明显好于基线智力，且对一般智力和阅读的影响最大，这一定程度上表明双语可能会对个体晚年的认知有积极影响。

综上可知，虽然少量的纵向研究结论为双语认知优势提供了支持性证据，但为了得到更确切的结论，还需要弄清楚以下问题：认知优势是渐进形成的过程，个体究竟需要获得多少L2学习技能才能在认知控制中获得双语认知优势？只要进行最低数量的L2实践练习就能产生双语认知优势，还是需要经常使用L2才可以产生双语认知优势？L2熟练度、积极的L2练习和双语认知优势的关系到底如何？总之，今后的研究中应该确定积极的L2练习的最低要求量和L2学习技能的最低要求量，以便使用不同的测量方式开展纵向研究设计，继而为双语认知优势是否存在提供更可靠的证据（van den Noort et al.，2019a）。

6. 未控制调节因素的作用

性别、年龄、双语熟练度以及社会经济地位、种族、文化因素、调查语言的脚本的相似性等是影响双语认知优势的重要调节因素，理应在研究中进行控制。但以往的大多数研究（尤其是对老年人的研究）中未能控制上述因素的影响（Morton & Harper，2007；Paap et al.，2015）。一些研究者认为，若控制这些因素的影响，双语认知优势可能会消失（Paap et al.，2015；Naeem et al.，2018），这一说法已经在多项研究中得到了验证，也在一定程度上解释了研究结论的不一致。但也有研究认为，即使控制了这些因素，仍然会显示出双语认知优势（Cox et al.，2016）。尽管这个话题仍然存在异议，但从方法论的角度看，不可否认的一点是，若要得出双语认知优势是否存在的确切结论，必须控制这些因素的影响（van den Noort et al.，2019a）。

（二）对双语认知优势的新见解

1. 认知储备会增强双语认知优势效应

研究发现，双语可以抑制成年后的认知能力下降，且在老年时作用更大，这一现象被研究者称为认知储备（Bialystok et al.，2012）。认知储备具体包括两方面的含义：一方面指通过终身接触教育或参与社会活动的方式强化神经资源的积累，从而使个体更好地应对神经衰退；另一方面指通过强化神经网络的联结，从而减弱与年龄相关的衰退。从强化的角度看，认知储备包括两种强化：一种是由疾病或年龄导致的衰退前的神经资源的积累；另一种是任务需求中替代网络的补偿作用（Cabeza et al.，2018）。已经有研究发现，双语不仅对老年人的执行功能有着积极的影响，还能增加认知储备，延缓痴呆症状的出现时间（Alladi et al.，2013；Chertkow et al.，2010）。有研究（Chung-Fat-Yim et al.，2017）最早探讨了双语对阿尔茨海默病的进展产生的影响，研究者选取加拿大多伦多 184 名痴呆症患者（51%为双语患者）为被试进行分析，发现双语者出现痴呆症状的年龄要比单语者平均晚 4 年。安德森等（Anderson et al.，2020）的研究进一步发现，双语能使痴呆症的发病年龄平均延迟 4.7 年。为排除教育、职业、性别、移民身份等因素的影响，克雷等（Craik et al.，2010）选取 102 名双语者和 109 名单语者为被试，在控制了教育、职业、地位以及性别等因素后，发现双语者被诊断为痴呆症的平均年龄要比单语者晚 5.1 岁。阿利德等（Alladi et al.，2013）排除了移民身份的影响后，得出与克雷等（Craik et al.，2010）相一致的结论。佩拉尼等（Perani et al.，2017）使用 PET 技术，对 45 名双语者和 40 名可能患有阿尔茨海默病的单语者的发病年龄进行了研究，结果发现，双语者的发病年龄比单语者晚 5 岁，并且发现相比单语者，双语者大脑的新陈代谢速率要低，这可能是有效延缓发病年龄的原因。也就是说，双语者能够承受大脑退化的影响，延缓痴呆症状的出现时间。总之，上述研究认为，发病年龄可作为双语延缓痴呆症状出现时间的重要指标，但一些研究者对此提出了质疑（Mukadam et al.，2017；van den Noort et al.，2019b）。例如，穆卡达姆等（Mukadam et al.，2017）采用元分析方法对 4 项实证研究进行了分析，发现这些研究没有控制文化背景和教育的影响，也无法提供具体的效应量，认为应将发病年龄作为研究双语对痴呆症影响的测量指标，而非将发病年龄作为研究双语对痴呆症状影响的测量指标，并且认为双语是否能延缓痴呆症状出现时间的结论还有待考究。

2. 一般执行控制会影响双语认知优势效应

研究者讨论是否存在一般的执行控制？它会影响双语者对语言的选择，从而产生一般领域的能力并对非言语任务产生影响，进而产生双语认知优势效应。希尔奇和克莱因（Hilchey & Klein2011）在一项元分析中使用 Stroop 任务、Simon 任务和 Flanker 任务，发现整体上，双语者在反应时上具有优势，由此提出了两个重要的观点：一个是双语执行加工优势（bilingual executive processing advantage，BEPA）假说，即在所有实验中，无论是不一致实验还是一致实验，双语者比单语者的反应时更短；另一个是双语抑制控制优势（bilingual inhibitory control advantage，BICA）假说，BICA 假说基于以下理论，即双语者在语言产生过程中通过使用抑制控制机制来管理语言之间的干扰（Green，1998）。对于抑制控制可以解释双语经验对认知的影响这一点，研究者已经提出了质疑，目前正在寻求执行加工方面的解释。

总体上看，在双语认知优势效应的研究中，前期的研究从言语与非言语方面为认知优势效应的存在提供了很多的证据，最近的研究对双语认知效应的存在提出了质疑，并发现许多调节因素会影响认知优势效应在个体与群体之间的差异。此外，样本量大小、出版或发表偏见、缺少纵向研究等因素也会影响研究结论。目前研究者正在积极寻求双语以外的因素来解释双语认知优势。

第五章

蒙-汉双语者的语言认知研究

　　蒙古族的母语一般为蒙古语，家庭用语多为蒙古语，但在小区或学校的主要用语为汉语，因此蒙古族双语者基本能熟练使用蒙古语和汉语，并且进入小学或初中后开始习得三语。由于蒙古语和汉语有很大差异，蒙-汉双语者使用多种语言时的加工特点必有独特之处，对其进行研究可为语言理论的发展提供实证支持，并且可为蒙古族学生的双语教学提供教学策略。本章将从蒙古族双语者的语义表征、语言理解和语言产生层面的双语转换机制、否定句的加工机制探讨蒙古族双语者的语言认知神经机制。

第一节 蒙古族语言与汉语的语言差异

语言是人们进行思想交流的重要符号系统,各民族皆有自己的语言,世界上的主要语言包括汉语、英语、西班牙语、俄语、阿拉伯语、法语等,这些也是联合国的主要工作语言。语言可分成不同语系,每个语系皆包含数量不等的语种。世界上的语言十分复杂,大体可划分为七大类:印欧语系、汉藏语系、阿尔泰语系、闪含语系、德拉维达语系、高加索语系、乌拉尔语系。除此之外还有一些语系,如非洲的尼日尔-刚果语系等。不同语言在进行加工时既有共性也有其特殊规律,因此对语言认知的研究有助于我们更好地了解语言所承载的文化。

一、蒙古族语言概述

蒙古语包含西里尔蒙古文和传统蒙文,蒙古国使用的蒙古语因在20世纪五六十年代受苏联影响主要使用西里尔字母拼写,我国内蒙古地区的蒙古族则使用传统蒙文。传统蒙文属拼音文字,初创于成吉思汗时代,主要由蒙古文字母组成,源于粟特-回鹘字母系统。传统蒙文在回鹘文字母的基础上创制了31个字母,其中元音7个、辅音24个,自上而下书写,以词为单位,行款从左向右。

(一)蒙古族语言方言间异同情况

我国绝大部分蒙古族同胞的母语是蒙古语,兼通汉语,各地区的蒙古语方言差别较小,地区间语言基本一致。具体来说,语音上,音节结构和重音基本一致,各地区的元音和谐律的细节虽然有所变化,但基本一致,主要差异在于读音差异和音节数差异。语法上,句子结构、语序和形态变化基本一致,主要差异在于谓语人称范畴有无、格的数目差异、形动词和副动词的形式差异。词汇上,各地区构词方式基本一致,主要差异在于某些词汇的说法不同。

(二)蒙古族语言的使用情况

语言保持受到多种因素的影响,如年龄、受教育程度、母语保持态度、对民族文化的认同等。照日格图（2007）对蒙古语的使用情况进行调查后发现，学校教学活动、社会交往活动和家庭成员间的交往多使用蒙古语，尤其是大约70%以上的牧区人口都使用蒙古语，同时随着双语教学的开展，特别是近年来民族语言授课义务教育学校推行使用三科统编教材、全面加强国家通用语言文字教育教学工作的开展，出现了让孩子接受蒙、汉两种语言教育的趋势。

内蒙古自治区内居住在城市的蒙古族基本是在家庭内部和学校中使用蒙古语，而在其他环境中则多使用汉语。此外，蒙古族首次接受和认识新鲜事物时大部分是用汉语传递信息的，因此出现了语言转换形式的交流，而非完全纯蒙古语交流。

二、蒙古族语言与汉语的各自特点

蒙古族母语一般为蒙古语，第二语言则为汉语，并且蒙古族对两种语言的使用都比较熟练。但蒙古语和汉语分属不同语系，并且词汇和语法完全不同，各有其特点。对蒙古族的蒙古语和汉语的语言认知加工进行研究前，有必要深入了解两种语言各自的特点。

（一）蒙古语词汇及语法的特点

蒙古语是黏着型语言，隶属于阿尔泰语系，其构词形式类似英文，由词根、词干、后缀构成。不同词类主要是通过词与词的语法关系构成序列从而形成语义单位的。词根则由一个或多个音节构成，而有的词根则单独使用。词干上加接构词词缀，然后派生新词。派生词上再接续构词词缀或构形词缀，则构成新词或增加语法意义。一般情况下，词缀的顺序是前为构词词缀，后为构形词缀，最后为结尾词缀。构词词缀和构形词缀可以有多个，但结尾词缀只能是一个。蒙古语的词汇包括单纯词、根词、派生词和复合词。蒙古语复合词的构成方式同汉语复合词的构成方式类似。从语义结构来看，两者均有近义并列或反义并列复合词；从句法结构关系来讲，两者均有偏正式、主谓式、述宾式。但蒙古语中没有述补式复合词。

蒙古语的形态变化比较丰富。蒙古语的名词、形容词、数量词、时位词和代词都有格、数、领属范畴的形态变化。动词类有式、体、态等范畴和连接形（副动词形式）、兼役形（形动词形式）的变化。副词、情态词、模拟词、后置词、语气词、连接词和感叹词则为无变化词类。

蒙古语的基本语序呈"主语—宾语—谓语"格式，而汉语的基本语序呈"主语—谓语—宾语"格式。蒙古语句子中的谓语是句子的核心，始终处于句末，但其他成分的位置相对自由；而汉语的句子格式相对固定，一般须有主语和谓语两种成分。

（二）汉语词汇及语法的特点

汉语是分析型语言，隶属于汉藏语系，不需要通过词型变化来表达语法的作用，主要通过独立的虚词和固定的词序来表达语法意义。汉语词汇是意音文字，表意的同时兼具表音功能，构词形式主要采用复合词。

在现代汉语词汇中，绝大多数的词汇是双音节词，其次是单音节词和多音节词。从词汇发展的趋势看，双音节词显然越来越多。汉语双音节单纯词中有几种特殊形式，其中，双声词、叠韵词、叠音词都很有特色。双声词是指两个音节声母相同的词，叠韵词是指两个音节韵母相同的词，叠音词是指由一个音节重叠构成的词。蒙古语没有声母和韵母之分，所以不存在双声叠韵现象。但是，蒙古语中有一部分尾韵相同的复合词。

汉语双音节和四音节的构词中呈现出明显的平仄规律，如"高矮""身体"等双音节词都是前平后仄。四音节的固定词组和成语中以平平仄仄或仄仄平平格式居多。这些特殊形式的双音节词和四音节词在语义表达上具有强烈的节奏感和音乐感。蒙古语的韵律感体现在固定短语或惯用句等词汇本身的结构特点上，以加强语义表达的节奏感和音乐感。蒙古语诗歌中有押头韵和尾韵的，也有押腹韵的，甚至在记叙文当中也很讲究韵律，以达到语言表达优美的乐感。

蒙古语中，一些复合词和固定词组的边界不是十分明确，但它的结构比较固定，弹性作用不是很突出。现代汉语中，词和词组的弹性作用很强，既可以缩略和凝结，也可以扩展和延伸，如"环境保护"可凝结成"环保"等。

汉语的词类可划分 12 类，与蒙古语的划分存在差异。汉语的实词有名词、动词、形容词、数词、量词、代词和副词 7 类，虚词有介词、连词、助词、象声词和叹词5类。与蒙古语相比，汉语的量词和介词具有独特性。蒙古语中除了有一种特殊的词类——后置词以外，其他的词类与汉语基本上是大同小异，只是有的词对应的汉语归属于一个词类，而其对应的蒙古语则归属于两种词类，但也只是词类的名称不同而已。其中，汉语的介词和助词常常对应蒙古语的形态变化形式，而蒙古语的后置词主要对应汉语的介词或一些方位词。

综上所述，蒙古语和汉语分属不同的语系，两者的构词方法不同，书写顺序也不同，蒙古语以自上而下直写、自左向右行的方式进行书写，而汉语则是从左到右横向书写。两种语言的语法有很大的不同，从词序上，蒙古语主要是主宾谓，而汉语是主谓宾。因此，蒙-汉双语者在进行语言认知加工时，由于蒙古语和汉语的差异，可能会出现独特的加工特点。

第二节 蒙-英双语者的语义表征研究

表征（representation）又称再现，是信息在头脑中的呈现方式。根据信息加工的观点，当有机体对外界信息进行加工（输入、编码、转换、存储和提取等）时，这些信息是以表征的形式出现在头脑中的。表征是客观事物的反映，又是被加工的客体。同一事物，其表征的方式不同，对它的加工也不相同（杨盛春，2012）。心理语言是表征的类型之一，其表征可以分为形式表征和语义表征。语言的形式表征是以知觉为基础的表征，包括语言的视觉和听觉（正字法、语音和手势等）方面；语义则是形式所代表的认知内容，主要包括概念和命题（崔占玲，2011）。

一、非熟练蒙-英双语者语义表征行为研究

蒙古语和英语分属不同语系，并且在词汇和语法上存在很大的差异。因此，非熟练双语者是如何表征蒙古语和英语的？本部分主要采用跨语言长时重复启动范式，以非熟练蒙-英双语者为研究对象对这一问题进行了验证，首先对非熟练蒙-英双语者的词汇与概念表征是共享的还是分离的进行了考证，然后在此基础上

考察了跨语言重复启动效应是否存在非对称性现象,明确了非熟练蒙-英双语者两种语言的词汇和概念发生联系的特点。

实验 1 主要考察非熟练蒙-英双语者的词汇表征特点。以被试对语言熟练度的自评结果及其大学英语四级成绩为指标,选取蒙古语和英语熟练度存在显著差异的非熟练蒙-英双语者共计 80 名。实验采用跨语言长时重复启动范式,该范式分为学习阶段和测试阶段,通过在学习阶段和测试阶段呈现不同的语言翻译对等词,以考察不同被试在学习阶段中的不同条件下对已学词汇的翻译对等词的反应时和正确率的差异。实验采用 4(语言条件:蒙-蒙、英-英、蒙-英、英-蒙)×2(学习条件:已学、未学)两因素混合实验设计。其中,语言条件为被试间变量,学习条件为被试内变量。选取蒙古语和英语翻译对等词 100 对,经过词汇熟练度评定、词频控制后,筛选出 48 对词汇作为正式实验材料,并将其分成已学习组词汇和未学习组词汇各 24 对,同时在学习阶段加入 6 个蒙古语或英语真词和 30 个蒙古语或英语假词,在测试阶段加入 12 个蒙古语或英语真词和 60 个蒙古语或英语假词。在语言内启动条件下,学习阶段和测试阶段呈现的为同一语言的词汇;在语言间启动条件下,学习阶段和测试阶段呈现的为不同语言的翻译对等词。蒙古语和英语假词皆通过改变真词首尾字母或者元音音节构成,无实际意义,所有填充词只呈现一次。所有词汇呈现后,让被试判断该词是真词还是假词,记录被试判断的反应时和正确率。实验结果如表 5-1 所示。通过对反应时的方差分析发现,在语言间启动条件下,学习因素的主效应不显著,说明不存在跨语言长时重复启动效应。这表明蒙古语和英语的词汇形式表征是彼此独立的,蒙古语和英语虽然都属于拼音文字,但两种语言的字母构成、构词方式和书写形式完全不同,所以实验 1 的结果验证了双语词汇分离存储的模型。这个结果与以往针对双语者词汇表征的研究结论一致(崔占玲,张积家,2009)。

表 5-1 不同语言条件的反应时与正确率

语言条件	平均反应时(ms)			正确率(%)	
	已学	未学	启动	已学	未学
蒙-蒙	682.20	830.10	147.90	99	98
英-蒙	871.00	875.70	4.70	98	96
英-英	809.40	917.80	108.40	99	97
蒙-英	876.90	882.60	5.70	97	92

实验 2 主要考察非熟练蒙-英双语者的语义表征特点。被试筛选、实验设计和实验材料、实验范式都与实验 1 相同。实验 2 采用的是语义判断任务，要求被试判断所呈现的词汇是生物词还是非生物词。实验结果如表 5-2 所示。通过方差分析发现，存在跨语言间长时重复启动效应，且启动效应不对称，英-蒙条件下的反应时更短。这表明蒙古语和英语的语义信息共同存储于同一语义系统，验证了双语概念共享的模型，这一结果与以熟练双语者（Zeelenberg & Pecher，2003）和非熟练双语者（李利等，2006）为被试的研究结果一致。启动效应的非对称性反映了语言间概念发生联系的强度差异，其主要影响因素为语言熟练度。克罗尔和斯图尔特（Kroll & Stewart，1994）的修正的层级模型认为，非熟练的第二语言必须经过第一语言的词汇才能通达到概念层，第一语言与第二语言的词汇联结比第二语言与第一语言的词汇联结弱，且第一语言与概念层的联结强度比第二语言与概念层的联结强度强。实验 2 中，英-蒙条件下出现长时重复启动效应，是由于学习阶段英语语义通达过程中激活了蒙古语翻译对等词，当测验阶段出现蒙古语翻译对等词时，被试的判断速度就会加快。蒙古语是优势语言，蒙古语词汇可直接通达概念层，不需经英语的词汇层通达到概念层，所以蒙-英条件下，已学条件下的英语词汇未激活，在测验阶段，已学与未学条件下的反应时不存在差异，也就是未产生跨语言长时重复启动效应。因此，通过实验 1 和实验 2 的结果可知，非熟练蒙-英双语者的表征符合克罗尔（Kroll）和斯图尔特（Stewart）的修正的层级模型。

表 5-2　不同语言条件的反应时与正确率

语言条件	平均反应时（ms）			正确率（%）	
	已学	未学	启动	已学	未学
蒙-蒙	737.73	861.83	124.10	98	95
英-蒙	864.82	910.58	45.76	97	94
英-英	1050.34	1199.77	149.43	93	91
蒙-英	1134.94	1148.42	13.48	86	89

二、非熟练蒙-英双语者语义表征脑电研究

与行为实验相比，脑电研究具有以下优势：①高时间分辨率，时间精度为毫秒级，可以实时记录大脑的活动状况；②无需外部反应也可观察到不同实验条件

下的差异;③通过比较事件相关的脑电波的头颅分布情况,可以考察在不同实验条件下诱发出的神经活动模式是否相同。因此,脑电研究可更详细探知非熟练蒙-英双语者的语言表征特点。

本次脑电实验主要探讨非熟练蒙-英双语者语义表征的电生理水平的特点。选取的被试为非熟练蒙-英双语者,要求被试进行语义判断任务。实验材料选取语义相关词对、语义无关词对以及蒙古语和英语翻译对等词,并控制了熟悉度和词频。实验3采用2(目标词语言类型:蒙古语、英语)×2(启动关系:同语言启动、跨语言启动)×3(语义关系:语义相关、语义无关、翻译关系)的被试内设计,因变量为N400波幅。实验结果见表5-3。通过对N400的方差分析发现,同语言启动条件下,蒙古语和英语的N400平均波幅差异显著,蒙古语的N400平均波幅大于英语。蒙古语和英语在不同启动条件下激活的脑区不同,蒙古语加工激活的脑区主要集中在左半球和顶叶脑区,而英语加工激活的脑区更多集中在右半球,但在前后脑区没有差异。同语言启动条件下主要激活的脑区在左半球,而跨语言启动条件下激活的脑区则主要在右半球和顶叶脑区。此外,对不同语义条件下的N400进行了方差分析,结果见表5-4。方差分析结果显示,同语言启动条件下,语义相关词对和翻译对等词产生了启动效应。语义关系在左右脑区的激活程度不同,语义无关时N400的波幅最大。跨语言启动条件下,额叶、中央区和顶叶的激活程度有显著差异,顶叶的波幅最小,中央区的波幅最大。通过脑电实验数据可知,蒙古语和英语的概念表征是共享的,而且跨语言启动效应呈非对称性,蒙古语到英语的启动效应大于英语到蒙古语的启动效应,这符合修正的层级模型。

综上,根据实验1、实验2和实验3发现,非熟练蒙-英双语者的概念表征是共享的,而词汇表征是分离的,且英语习得需要经过蒙古语的词汇表征才能通达到概念层,因此非熟练蒙-英双语者的语言表征符合修正的层级模型。

表5-3 不同语言在不同启动类型中的Fz、Cz和Pz点平均波幅($M±SD$)

单位:μV

目标词语言类型	启动关系	Fz	Cz	Pz
蒙古语	同语言(L1-L1)	2.38±2.99	1.52±3.75	2.44±2.68
	跨语言(L2-L1)	-1.92±2.28	-2.11±2.98	1.01±2.32
英语	同语言(L2-L2)	1.12±2.44	0.62±3.04	1.11±3.07
	跨语言(L1-L2)	0.93±4.68	0.38±4.11	1.13±4.09

注:选取的ERP成分为N400(时间窗为400—470ms),下同

表 5-4 不同启动类型中各种语义关系下的
Fz、Cz、Pz 点平均波幅（$M\pm SD$） 单位：μV

启动关系	语义关系	Fz	Cz	Pz
同语言	语义无关	0.08±2.47	−1.13±3.19	0.56±3.02
	语义相关	0.38±2.52	−0.87±3.60	0.31±2.95
	翻译关系	4.17±4.03	4.54±4.26	4.10±4.32
跨语言	语义无关	−0.65±3.49	−0.98±3.12	1.38±2.38
	语义相关	−1.99±2.66	−2.46±3.24	−0.17±2.84
	翻译关系	−0.56±3.07	−0.53±3.73	1.24±3.76

第三节 蒙古族双语者的转换研究

蒙古族双语者在日常生活中往往会使用两种以上的语言，从而经常会发生语言转换现象，或者从蒙古语转换到汉语，或者从汉语转换到蒙古语。此外，蒙古族双语者由于习得第三语言，如英语，往往也会进行三语间的语言转换。对蒙古族双语者的语言转换进行研究，可为双语教学提供相应的教学策略。

一、非熟练蒙-英双语者语言理解的语言转换研究

抑制控制模型认为，双语者使用语言时会同时激活两种语言，因此需要对非目标语言进行抑制，而这与语言熟练度有关。由于非熟练双语者的第二语言熟练度低于第一语言，因此使用第二语言时需要对第一语言进行更强的抑制，从而保证成功提取第二语言，而使用第一语言时对第二语言的抑制较弱。那么，熟练双语者使用语言时需要对两种语言都进行较强的抑制，因此所需的时间必然增加。但双语交互激活模型则认为，语言转换时，一种语言的词汇表征会激活其"语言节点层"，而它又自上而下地抑制另一语言的词汇层，语言转换代价主要是非目标语言的语言节点向目标语言词汇表征转换中持续抑制的结果。

非熟练蒙-英双语者在语言转换任务中的加工特点如何？针对该问题，本书研究使用ERP技术，采用词汇判断任务，以检验非熟练蒙-英双语者在蒙古语和英

语之间进行语言转换时是否存在转换代价,以及转换代价是否存在非对称性。

实验选取非熟练蒙-英双语者,采用语言转换范式,要求被试对呈现的词汇进行词汇判断。语言重复条件下,试次间呈现的材料是同一语言的词汇;语言转换条件下,试次间呈现的材料是不同语言的词汇。对 N200 平均波幅进行方差分析,结果见表 5-5。

表 5-5　非熟练蒙-英双语者在不同转换条件下 Fz、Cz、Pz 点的 N200 平均波幅（$M±SD$）　　　　单位：μV

语言类型	脑区	转换条件	重复条件
蒙古语	Fz	8.38±3.44	6.85±3.52
	Cz	7.30±2.95	6.64±3.68
	Pz	2.52±3.96	3.71±4.29
英语	Fz	12.11±3.45	10.05±5.03
	Cz	10.66±3.80	8.17±4.97
	Pz	4.32±4.32	3.22±4.19

表 5-5 的结果表明,在英语条件下,转换条件和重复条件下的 N200 平均波幅差异显著,蒙古语和英语的转换代价有显著差异,英语的转换代价显著大于蒙古语。加工蒙古语和英语时,左半球、中线、右半球存在显著差异,加工英语时的 N200 平均波幅大于加工蒙古语时的波幅,这表明被试对英语的加工更难。任务类型在左半球、中线、右半球的激活程度不一致,相比重复条件,转换条件下,中线、右半球的波幅更大。蒙古语和英语在转换条件下的 N200 平均波幅差异显著,从蒙古语转换到英语时的 N200 平均波幅显著大于从英语转换到蒙古语时的平均波幅。蒙古语和英语在转换条件下左半球、中线、右半球的 N200 平均波幅差异显著,从蒙古语转换到英语时额叶和中央区的 N200 平均波幅比从英语转换到蒙古语时的波幅更大。结果表明,非熟练双语者在加工两种语言时,对英语需要付出更多的心理资源,故加工的代价更大。转换任务比重复任务更多地激活了中线和右半球的额叶和中央区域,说明语言转换任务的加工需要额中线、右额、中央中线及右中央的参与。双语交互激活模型认为,一种语言的激活会抑制另一种语言的激活,所以双语者在使用蒙古语时会同时对英语进行抑制,而蒙古语与语言节点的联结强度更大,故加工速度更快,且对英语的抑制较强。当转换到英语时,由于之前对英语的抑制,因此激活英语时需要耗费更多的认知资源,从而导致英语存在较大的转换代价。

二、非熟练蒙-英双语者语言产生的语言转换研究

对于语言转换来说，它包含语言产生和语言理解两个过程：语言产生是指双语者在谈话交流中主动地交替使用不同语言的过程，是由意识主动控制的加工；而语言理解则是双语者倾听交替使用两种语言的谈话或报告，以及阅读一些包含两种语言的材料时所发生的心理过程，是以材料或数据驱动的加工。因此，两种过程可能存在不同的认知过程和神经机制。下面将从语言产生角度探讨语言转换的内部机制。对于蒙-汉双语者来说，蒙古语与汉语为均势语言；对于蒙-英双语者而言，其在英语熟练度方面相对不熟练。那么，双语者在不同语言之间进行转换时，是否会因语言熟练度的不同而有所区别，从而导致转换之间存在差异？用熟练语言进行转换时是否也存在转换代价的不对称性？不同熟练度双语者的转换是符合抑制控制模型还是与非特异性选择机制有关呢？

本次实验共筛选出非熟练蒙-英双语者25名（筛选方式同本章第二节中的实验1），让其完成图片命名的语言转换任务。实验材料来自中国科学院心理研究所张清芳和杨玉芳（2003b）修订的标准黑白线条的简笔画图片，对图片进行命名难易度的评定，筛选出84张图片，图片边框用不同颜色标记作为命名语言的线索。实验为2（任务类型：重复条件、转换条件）×2（语言类型：蒙古语、英语）的被试内设计，因变量为N200平均波幅。实验结果见表5-6。从结果可知，相比于重复条件，转换条件下的N200波幅更大，表明存在转换代价，这与以往的一些研究结果一致（Alvarez et al, 2003），且转换条件下加工英语时的转换代价更大。N200与冲突监控有关，波幅越大表明个体需要付出越多的认知努力来进行抑制。这个结果与语言理解时的转换代价结果一致。这说明个体在语言产生过程中使用目标语言时，语言节点会自上而下地抑制非目标语言，若目标语言为熟练语言，那么其对非目标语言的抑制会更强，当转换到非熟练语言时，个体需要付出更多的时间和心理资源，所以语言产生时的转换代价来源机制也符合双语交互激活模型。

表5-6 非熟练蒙-英两种语言下Fz、Cz、Pz点的N200平均波幅（$M±SD$） 单位：μV

语言类型	脑区	转换条件	重复条件
英语	Fz	5.54±2.56	5.04±3.79
	Cz	3.85±2.53	2.78±2.56
	Pz	2.44±3.10	2.21±3.31

续表

语言类型	脑区	转换条件	重复条件
蒙古语	Fz	4.44±2.73	3.51±3.66
	Cz	2.49±2.64	2.02±2.93
	Pz	2.46±4.19	2.22±2.97

三、熟练蒙-汉双语者语言产生的语言转换研究

语言的转换代价会受到语言熟练度的影响，那么，熟练的蒙-汉双语者在进行蒙古语和汉语转换任务时是否存在转换代价？转换代价的特征如何？为此，本次脑电实验采用图片命名的语言转换任务，选取 25 名熟练蒙-汉双语者（筛选方式同本章第二节中的实验1），要求被试根据边框颜色的不同对所呈现的图片分别采用蒙古语和汉语进行命名（图片材料同上）。实验为 2（任务类型：重复条件、转换条件）×2（语言类型：蒙古语、汉语）×3（左右因素：左半球、中线、右半球）×3（前后因素：前部-额区、中央区、后部-顶区）的被试内设计，因变量为 N200 的平均波幅，重复测量方差分析的结果见表 5-7。结果显示，无论是加工蒙古语时还是加工汉语时，都存在转换代价，且转换代价间的差异不显著，说明熟练蒙-汉双语者的转换代价是对称的，这一结果与以往的一些研究一致（Alvarez et al, 2003）。科斯塔和桑特斯特班（Costa & Santesteban, 2004）认为，当双语者对第二语言较为熟练时，词汇选择机制则为特定语言选择机制，无论是使用第一语言还是第二语言，熟练双语者只激活了目标语言中的相应词汇，而非目标语言中的相应词汇并未被激活，熟练双语者此时采用的是语言特定提取机制。所以，熟练双语者的语言转换代价呈对称性。

上述语言转换的相关研究发现：①当进行语言转换时会产生转换代价。②转换代价是否存在非对称性受语言熟练度的影响。当非熟练双语者在熟练的第一语言和非熟练的第二语言间进行转换时，转换代价呈非对称性，第一语言转换到第二语言时的转换代价更大，符合双语交互激活模型。随着第二语言熟练度的提高，非熟练双语者逐渐转变为熟练双语者，此时其进行语言转换任务时的转换代价呈对称性特点，表明此时熟练双语者使用语言时的特点符合语言特定提取模型。

表 5-7 熟练蒙-汉两种语言 Fz、Cz、Pz 点的
N200 平均波幅（$M\pm SD$） 单位：μV

语言类型	脑区	转换条件	重复条件
蒙古语	Fz	4.34±3.34	3.51±3.66
	Cz	2.66±2.88	2.02±2.93
	Pz	2.39±3.46	2.22±2.97
汉语	Fz	4.04±3.87	3.35±2.97
	Cz	2.38±3.99	2.30±2.56
	Pz	1.91±4.10	1.08±2.52

第四节 蒙-汉双语者的否定句加工研究

否定是人类思维形式中的重要形式之一，是指对事物或事件等概念的否认，或是对命题真实性的否认（吕叔湘，1982）。

对否定的研究始于对简单否定句的研究，研究中通常将否定句分为否定标签和否定状态：否定标签是指否定词，如"没"；而否定状态则是指否定句中的某种状态或事件，例如，"窗户没开"中的"开"就是否定状态。根据否定句中事物状态的连续性，可将简单否定句分为连续否定句和类别否定句。连续否定句中所否定的事物的状态是连续的，例如，"苹果不大"表示的是从大到小的连续性，根据这个句子，不能简单地说"苹果是小的"，所以连续否定句没有相应的对立形式。类别否定句则直接否定的是某种状态，而根据这种状态是否可以直接推断出物体的真实状态，又可将其分为状态确定否定句和状态不确定否定句：前者是可以直接推断出物体的真实状态，例如，根据"电视不是开着的"就可推断出"电视是关着的"状态；而后者则是指不能推断出物体的真实状态，例如，"窗帘不是红色的"，就不能推断出"窗帘是绿色的"。

根据有关否定句的心理表征模拟的研究结果的不同，研究者提出了不同的理论，主要有图式加标签模型、两步模拟假设、整合模型、锚激活与限制满足模型这几种理论。图式加标签模型认为，否定句包含图式和否定标签，个体在加工否定句时，需要先对图式进行加工，然后再加上否定标签，从而获得否定句的表征。

考普和茨瓦恩（Kaup & Zwaan，2003）提出的两步模拟假设则强调，对否定句中否定状态的模拟分为两步：先模拟被否定的状态，然后再模拟事实状态。例如，对于"电视不是开着的"这一否定句，先模拟出"开着的电视"，然后再模拟出"关着的电视"。整合模型也叫一步模拟假设，该模型与两步模拟假设相反，认为个体在加工否定句时并不会表征被否定的状态，而是直接将否定标签和否定状态直接整合，是一步完成的，但是该模式更适用于状态确定否定句的加工。梅奥等（Mayo et al.，2004）研究了状态确定否定句和状态不确定否定句的动态表征过程，发现加工状态确定否定句时，被否定状态和否定标签在早期就进行了直接整合。为了更好地解释状态确定否定句和状态不确定否定句，陈广耀等（2014）通过研究提出了锚激活与限制满足模型。该模型认为，在加工否定句时，个体会设置一个"锚"，即否定状态，加工时以"锚"为节点进行激活扩散，如果是状态确定否定句，则通过激活扩散搜索后可获得事件的确定状态，搜索即停止；如果是状态不确定否定句，则搜索不到事件的确定状态，当线索耗尽时搜索即停止，个体则接受"含有否定标签的事件否定状态"和备择状态来获得句子信息。

对状态确定否定句的加工到底是两步模拟假设还是一步模拟假设，研究结果不尽相同（Kaup et al.，2007；Mayo et al.，2004）。但这些研究中的语言都是否定词前置，而关于个体对否定词后置语言的相关否定句是如何表征的，目前还并未进行研究。

蒙古语的否定句语序为否定词后置，即否定词位于动词之后，如"ᠴᠣᠩᠬᠣ ᠨᠡᠭᠡᠭᠡᠭᠰᠡᠨ ᠦᠭᠡᠢ"（翻译为"窗户开没"）。蒙古族人民多为双语者，可以熟练使用蒙古语和汉语。蒙古语是否定词后置，汉语则是否定词前置。那么，蒙-汉双语者在加工否定句时是否存在两种表征形式？母语的表征形式是否会对第二语言的否定表征产生影响呢？徐庆宏等（Xu et al.，2021）通过一系列实验进行了探索，具体如下。

一、理解状态确定否定句的心理模拟过程

采用句图核证范式，通过实验1、实验2和实验3来考察否定句加工初期、中期和晚期时蒙-汉双语者加工蒙古语和汉语的状态确定否定句的特征。句图核证范式的具体流程为先呈现否定句，被试根据自己的阅读速度自主翻页后，再呈现注

视点"+"250ms，之后再呈现包含否定句表述状态的图片，如"开着的窗户"，要求被试判断图片与否定句的含义是否匹配。

3个实验筛选被试的方式相同，通过进行语言熟练度的自评，选取了熟练蒙-汉双语者。通过对实验材料进行状态评定、句子合理性和熟悉性的评定，最终选出蒙古语和汉语中32对翻译对等的肯定句和32对翻译对等的状态确定否定句，句式皆使用"主系表"结构加否定标签"不"的形式，即"主语（S）不是表语（X/Y）"，如"窗户不是开着的"，其中，X/Y表示事物S的两种对立状态。然后根据这32个否定句中的否定状态选取32对黑白图片，每对图片都描述了同一事物相互对立的状态，这样句子和图片就形成了8种状态，表5-8列举了这8种状态。在对实验材料中句子与图片的意义是否匹配进行一致评定，将句子类型与图片所描述的物体形态这两个因素进行拉丁方匹配，形成四套实验材料，之后选取不参加后续实验的28名母语为蒙古语的大学生对句图符合程度进行7点评定。重复测量方差分析结果显示，句子类型的主效应、图片类型的主效应以及句子类型和图片类型的交互作用均不显著（$ps>0.05$），表明实验材料有效。

表5-8 实验材料示例

句子与图片匹配情况	句子	图片
肯定匹配	窗户开着	
肯定匹配	窗户关着	
肯定不匹配	窗户关着	
肯定不匹配	窗户开着	
与实际状态匹配	窗户没关	
与实际状态匹配	窗户没开	
与被否定状态匹配	窗户没开	

续表

句子与图片匹配情况	句子	图片
与被否定状态匹配	窗户没关	

实验 1、实验 2 和实验 3 均采用 2（语言类型：蒙古语、汉语）×2（句子类型：肯定句、否定句）×2（图片与句子所描述物体的匹配状态：匹配、不匹配）的被试内实验设计。3 个实验都采用句图核证范式，同时句子的呈现是自定步速阅读方式，即被试阅读完句子后按键结束，然后图片呈现，被试对图片进行是否与句子描述一致的判断。3 个实验的不同之处在于图片呈现时间不同，实验 1 为初期心理模拟研究，故句子呈现时间为 250ms；实验 2 为中期心理模拟研究，故句子呈现时间为 750ms；实验 3 为晚期心理模拟研究，故句子呈现时间为 1500ms。每个实验都包含汉语和蒙古语否定句加工这两个组块，并采用拉丁方设计来平衡顺序。

实验 1、实验 2 和实验 3 的结果分别见表 5-9—表 5-11。实验 1、实验 2 和实验 3 的结果都表明，无论是蒙古语还是汉语，否定句的反应时皆长于肯定句的反应时，句图不匹配时的反应时皆长于句图匹配时的反应时。实验 1 的汉语否定句的加工和蒙古语否定句的加工反应时差异显著，汉语否定句的加工更快；而肯定句加工时则无显著差异。实验 2 和实验 3 中，汉语和蒙古语否定句的加工反应时差异不显著。3 个实验结果都出现了匹配效应，即当图片与句子否定句的实际状态匹配时，被试的反应时更短，说明被试对于状态否定句的加工符合整合加工模型，即一步完成对否定标签和否定状态的整合，而非先激活被否定状态。3 个实验中只有实验 1 发现了蒙古语否定句的加工更快，而加工肯定句时两种语言无差异，这说明在否定句加工早期出现了否定后置效应，而到了中期和晚期该效应消失。

表 5-9 状态确定否定句实验中 250ms 时间间隔条件下的反应时与正确率（$M\pm SD$）

语言	匹配状态	否定		肯定	
		反应时（ms）	正确率（%）	反应时（ms）	正确率（%）
蒙古语	不匹配	2007±689	82±15	1442±438	92±9
	匹配	1715±520	84±16	1426±322	89±11
汉语	不匹配	1774±554	90±12	1465±390	94±9
	匹配	1639±486	84±17	1406±377	92±11

表 5-10 状态确定否定句实验中 750ms 时间间隔条件下的反应时与正确率（$M \pm SD$）

语言	匹配状态	否定		肯定	
		反应时（ms）	正确率（%）	反应时（ms）	正确率（%）
蒙古语	不匹配	2236±691	84±14	1676±702	90±11
	匹配	1922±551	85±12	1649±567	88±11
汉语	不匹配	1982±802	84±12	1591±680	86±14
	匹配	1735±670	90±11	1493±569	90±11

表 5-11 状态确定否定句实验中 1500ms 时间间隔条件下的反应时与正确率（$M \pm SD$）

语言	匹配状态	否定		肯定	
		反应时（ms）	正确率（%）	反应时（ms）	正确率（%）
蒙古语	不匹配	2267±1121	86±14	1668±514	92±9
	匹配	2067±829	86±14	1649±731	86±12
汉语	不匹配	1958±682	85±13	1589±589	88±10
	匹配	1871±653	89±14	1445±488	92±9

在很多否定句研究（Kaup et al., 2006；崔如霞等，2016）中，250ms 被认为是句子形成核心假设表征所需要的时间，即否定句加工的初始阶段。阎国利和白学军（2000）指出，在句图核证范式中，被试基本在 1000ms 就可以完成否定加工，因此将 1500ms 作为否定加工的最后阶段。否定句表征模型是符合两步模拟假设模型还是整合加工模型，关键在于否定句加工早期是否出现了句图不匹配的促进效应，原因在于两步模拟假设模型认为，否定句加工早期阶段先模拟的是否定句的被否定状态（即本次研究中的句图不匹配状态），中期则是转换阶段，而到了晚期才模拟否定句的事实状态（即本次研究中的句图匹配状态）。因此，需要考察早期、中期和晚期的句图匹配效应，以此来判断否定句加工到底符合哪种模型。因为中期是转换阶段，而一些关于中期阶段的研究存在结果不一致现象（Kaup et al., 2006；崔如霞等，2016），所以本次研究采用大多数实验中确定的 750ms 作为中期测量指标，来进一步考察中期阶段的具体效应。实验 1、实验 2 和实验 3 的结果显示，早期、中期、晚期三个阶段中，无论是蒙古语还是汉语，否定句加工都呈现出句图匹配促进效应，说明无论是蒙古语否定句还是汉语否定句，其加工早期（250ms）并未出现句图不匹配效应，也就是说，否定句加工早期并不是先模拟了否定句的被否定状态，而是同中期和晚期一样都是直接模拟了否定句的事实状态，这表明无论是蒙古语否定句还是汉语否定句，其否定句的表征模型都符合

整合加工模型。

另外，在实验结果中发现了一个有趣的现象：在加工的早期阶段（250ms），汉语的否定句加工快于蒙古语的否定句加工，而在中期和晚期阶段则未发现这一现象，这可能是由蒙古语否定句中否定词后置导致的。认知语法学中的距离临摹动机大体上可以解释这一现象，距离临摹动机认为，句子的各成分在语义表达中的作用不同，有代表句子预设信息的，有代表句子焦点意义的，因此，如果否定句中的否定词置于焦点成分之前（如句子中的动词），那么就可以形成一个集中的辖域；但如果否定句中的否定词置于焦点成分之后（如蒙古语否定句中的否定词置于动词之后），那么否定的辖域就要回溯否定词之前的成分（袁毓林，2000）。因此，蒙古语否定词的后置会导致否定句加工时需要重新回溯否定词之前的成分来确定否定句中的焦点，从而使得加工时程增长，表现出蒙古语的否定句加工的反应时比汉语的否定句加工的反应时长。

二、理解状态不确定否定句的心理模拟过程

采用句图核证范式，通过实验1、实验2和实验3来考察否定句加工初期、中期和晚期时蒙-汉双语者加工蒙古语和汉语的状态不确定否定句的特征。

3个实验的被试筛选方式和标准、实验范式和实验程序都与状态确定否定句的3个实验相同。3个实验中的状态不确定否定句材料通过状态评定后，共选出36对肯定翻译对等句和36对否定翻译对等句，例如，"裙子不是红色的"对应的蒙古语否定句为"￼"（语序为"裙子红色的不是"）。正式材料中还加入填充材料48个句子（肯定翻译对等句和否定翻译对等句各占一半），例如，汉语"树是不枯萎的"，蒙古语"￼"。句子理解任务仅置于填充句后，"是"与"否"的作答各占一半。3个实验中，图片材料为72组彩色图片，每组图片皆描述了同一实体且包含三种不同类型：与被否定状态匹配的图片（简称N图片）、含否定标签的被否定状态图片（简称X+N图片）、与实体备择状态选项之一匹配的图片（简称A图片）。例如，"裙子不是红色的"这个否定句对应的三种图片分别为：N图片为"红色裙子"，X+N图片为"红色裙子上加否定标记'X'"，A图片为"绿色裙子"。48个填充句子也有对应的48张填充图片，且填充图片与正式图片材料中的物体不重复。同状态确定否定句的研究一样，对

3 个实验都进行了句图匹配是否一致的评定。

3 个实验皆采用 2（语言类型：蒙古语、汉语）×2（句子类型：肯定句、否定句）×3（图片类型：N 图片、X+N 图片、A 图片）的三因素被试内设计，实验程序和实验任务，包括汉语和蒙古语组块的顺序平衡方式，皆同状态确定否定句的研究。实验 1、实验 2 和实验 3 的结果见表 5-12—表 5-14。3 个实验皆发现，否定句的反应时比肯定句加工长。在加工的初期阶段，汉语和蒙古语状态不确定态否定句中，被试对 N、X+N、A 图片判断的反应时差异不显著，即"N=X+N=A"；而到了中期和晚期阶段，汉语和蒙古语状态不确定否定句中，被试对 X+N 图片判断的反应时短于 N 图片，而对 N 图片和 A 图片判断的反应时差异不显著，即"X+N<N=A"。这表明被试无论在加工初期、中期还是晚期，都出现了与实际状态匹配的匹配效应，该结果符合整合模型的预期。在蒙古语和汉语肯定句加工中，被试对 N 图片判断的反应时显著短于 X+N 图片，也显著短于 A 图片，且对 A 图片的反应时显著短于 X+N 图片，即"N<A<X+N"，说明被试在肯定句加工的初期、中期和晚期，皆表现出对事件实际状态的表征。3 个实验中，被试对汉语和蒙古语否定句加工的反应时无差异，说明蒙古语否定句的加工中未出现后置效应。

表 5-12 状态不确定否定句实验中 250ms 时间间隔条件下的反应时与正确率（$M \pm SD$）

语言	图片类型	否定		肯定	
		反应时（ms）	正确率（%）	反应时（ms）	正确率（%）
蒙古语	N	1646±597	95±9	1131±404	98±4
	X+N	1459±532	95±8	1681±666	96±6
	A	1619±732	94±9	1366±435	96±7
汉语	N	1863±483	92±9	1239±261	95±6
	X+N	1628±373	89±14	1938±704	94±7
	A	1776±491	88±10	1641±549	94±10

表 5-13 状态不确定否定句实验中 750ms 时间间隔条件下的反应时与正确率（$M \pm SD$）

语言	图片类型	否定		肯定	
		反应时（ms）	正确率（%）	反应时（ms）	正确率（%）
蒙古语	N	1842±614	95±9	1306±494	98±4
	X+N	1481±410	95±8	1832±589	96±6
	A	1832±711	94±9	1665±548	96±7
汉语	N	1842±557	92±9	1195±355	95±6
	X+N	1349±433	89±14	1718±642	94±7
	A	1722±529	88±10	1611±422	94±10

表 5-14　状态不确定否定句实验中 1500ms 时间间隔条件下的反应时与正确率（$M±SD$）

语言	图片类型	否定		肯定	
		反应时（ms）	正确率（%）	反应时（ms）	正确率（%）
蒙古语	N	1647±344	94±8	1136±283	94±6
	X+N	1346±228	94±10	1520±391	93±10
	A	1541±274	95±6	1581±609	95±8
汉语	N	2182±753	95±9	1300±292	91±9
	X+N	1909±995	92±10	2171±848	96±6
	A	2023±656	90±10	1828±480	96±6

陈广耀等（2014）通过研究提出了锚激活与限制满足模型。该研究的实验逻辑是在否定句加工早期，被试会先模拟否定句的否定状态，即"锚"，所以会表现出否定状态图片的匹配效应，到了中期以"锚"为中心进行扩散激活搜索，所以仍然会表现出否定状态图片的匹配效应，由于备择选项较多，每一个备择选项被搜索到的概率较低，故会表现出对备择图片的不匹配效应。到了晚期，搜索终止，为了保持句子信息，最终状态将以事件的否定状态加否定标签加备择选项的形式表征。按照这样的逻辑，实验 1 的结果应该为 N<A，X+N<A，并且 N=X+N；实验 2 的结果也应该为 N<A，X+N<A，并且 N=X+N；实验 3 的结果则应该为 N=X+N=A。然而，实际结果表明，实验 1 中，无论是蒙古语否定句还是汉语否定句，都表现出 X+N=N=A，而实验 2 和实验 3 中，无论是蒙古语否定句还是汉语否定句，都表现出 X+N<N=A，这表明否定句加工从早期阶段开始就直接表征为事件的否定状态加否定标签，并且并未进行备择选项的搜索，所以符合整合加工模型。

第六章

语言文化与认知

语言文化与认知的关系很早就引起了学者的注意。语言是文化的载体，通常个体在掌握语言的同时也会接受相应语言背后的文化熏陶，人类在学习语言的过程中，语言和文化通常会共同输入。认知心理学研究将语言文化作为影响人类认知的重要外因。

第六章

日伪统治区文教界

第一节 语言文化与认知关系的基本理论

在语言与认知关系的争论中,"有关论"和"无关论"的尖锐对立长期存在。还有一部分学者研究了不同语言者或双语者的跨语言问题,发现了一些新现象,整合了"有关论"和"无关论"的对立,提出了新的协同理论。

一、理论起源

语言文化与认知的关系很早就引起了学界的注意,成为社会科学和自然科学共同关注的一个经典问题。学者在研究"语言和思维"关系的过程中,提出了很多关于语言与认知关系的不同观点。在春秋战国时代,古人认为,"情动于中而形于言"(《毛诗序》)。柏拉图也认为,语言仅是认知的外壳,被认知决定(申小龙,1991)。然而,亚里士多德则认为,语言与认知有着独立的功能和起源,语言起源于人类的交往,既受人类言语过程的规则约束,也受言语过程中认知表征的影响,而认知源起于对自然世界的近似表征,受到语言的约束,语言与认知虽相互影响但是相互独立(杨永林,2004)。在对语言与认知关系的探索中,柏拉图开创的唯理论传统得到了文艺复兴时代理性主义哲学的呼应,而亚里士多德开创的经验论传统得到了后世经验主义哲学的响应。长期以来,学界针对这两种观点出现了激烈的争论,争论的焦点是认知和语言是否相互独立(申小龙,1991)。

二、语言文化和认知关系的争论

(一)语言文化与认知无关论

有些理论从不同角度论述了语言与认知无关。唯理论认为,人类认知先于语言出现,独立于语言而存在,可以不受语言的影响。源起于哲学的语言与认知关系争论,蔓延到了人类学和语言学。乔姆斯基认为,语言由人类特有的 LAD 生成,与智能无关。著名结构主义语言学家索绪尔认为,所有人类语言中都存在一种相对稳定的结构（句法结构）（索绪尔，2017），人类认知决定语言结构，且认知先于语言存在，不受语言的影响。苏联心理学家维果茨基认为，语言和认知有着各自独立的起源，其发展路径不同，当儿童形成了内部语言时，语言和认知便实现了交汇，发生了联系，走向了统一，由此产生了言语思维（维果茨基，2010）。前人通过跨文化比较的手段，从语言发生和发展的角度论述了语言与认知无关。

（二）语言文化与认知有关论

人类学家萨丕尔认为，因为各民族的生产生活方式与文化不同，各民族对世界的认知方式也不同。语言作为文化凝结的产物，必定会强烈地塑造各民族的认知，各民族的认知差异正是由不同的语言文化导致的（萨丕尔，1985）。萨丕尔的学生沃尔夫以自己对玛雅语言和阿兹特克语言的研究为基础，将萨丕尔的观点整理成语言相对论假设（relativistic hypothesis），即沃尔夫假设（Whorf hypothesis）（沃尔夫，2012）。沃尔夫认为，作为文化凝结的语言可以塑造思维，语言决定认知，学习一种语言会改变一个人的思考方式。

除人类学家的研究外，很多心理学研究也发现，语言和思维有联系：行为主义认为，儿童先在有声语言中习得反应习惯，而反应习惯又影响了儿童的认知，语言决定儿童的认知。结构主义心理学家皮亚杰批评了行为主义的观点，认为认知先于语言，并决定儿童语言的发展，儿童的认知来自儿童的动作或反应，并非来自语言，儿童在动作过程中形成认知，认知再赋予儿童无意义的声音以意义，从而形成语言（皮亚杰，1980）。这些理论都认为语言和认知有联系，要么认为语言决定认知，要么认为认知决定语言。

三、语言文化与认知关系的折中主义视角

（一）对无关论的评价

无关论认为，认知与语言相互独立，语言不影响认知。其核心观点是所有人类语言都具有共同的基本词汇库和深层语法结构，不同语言中的概念在本质上不存在意义差异，只存在书写差异。这些基本词汇库来自人类在共同世界中所获得的相同经验，无论使用哪种语言，都不会影响个体经验到的客观世界，人们用相

同的基本词汇库进行思考并认识世界（吴柏周等，2019）。语言普遍论更关注人类语言的共同性，认为语言的共同性反映了语言的本质，世界上各种语言之间的差异只是由一些"语言之外"的具体环境因素，或文明与文化的发展程度导致的，这些差异对于语言来说既不重要，也不具有本质性。然而，跨文化研究结果反驳了无关论。

（二）对有关论的评价

有关论认为，人类的母语会影响认知（弱假设），甚至母语决定了人类认知（强假设）。激进的有关论是语言决定论，这种观点认为，人们的语言决定了其对世界的感知和认识方式，不同群体中的个体不存在所谓"共同的思维"或"共同的知觉"，人类的感知和思维被不同的语言分割成不同的系、族、支。不同的基本词汇库和语法给人类的感知和思维方式划出了清晰的边界，讲A语言的人想要真正理解B语言中的某一概念，只有学习B语言，除此之外别无他法。语言决定论认为，人类的语言单向决定思维，从而形成了不同的范畴，继而使不同的语言具有不同的范畴知觉。然而，实验研究并不支持语言决定论。在弱的语言相对论视域下，语言可影响思维，但并不单向唯一决定思维，这一点得到了大量实验研究证据的支持，包括跨语言比较研究、右视野偏侧化研究、认知神经科学研究、人工语言研究以及病理学研究等。

语言和思维有关吗？到底是语言决定思维还是思维决定语言？在长期的研究过程中，无关论和有关论的对立一直存在。学者从多层次、多维度、多方法探讨了语言与认知的关系，对不同语言者或双语者进行了跨语言比较，得出了一些探究语言与认知关系的经典方法和例证，发现了一些新现象，并根据这些新现象提出了新理论，整合了无关论和有关论的对立。

（三）语言文化与认知关系的新理论

在有关语言与认知关系的争论中，无关论和有关论的对立长期存在。也有一些研究结果虽然在总体上支持普遍进化理论，但同时又表明普遍进化理论并不适用于所有语言的颜色词分类。詹姆森和阿尔瓦拉多（Jameson & Alvarado，2003）对越南语被试和英语被试的比较研究表明，颜色认知和颜色词的关系远比现有的理论预言更为复杂，颜色认知既受颜色特性影响，还和基本颜色词有关。戴维斯和科贝特（Davies & Corbett, 1997）让俄语、塞茨瓦纳语（Setswana）和英语被试对 65 种颜色完成相似性范畴分类任务，结果发现，三组被试的分类特点既有相似之处，又有差异。塞茨瓦纳语被试在分类一致性、分类数目上与俄语、英语被试不同。虽然三种语言的基本颜色词两两都不相同，但塞茨瓦纳语被试比英语、俄语被试更多地将"绿"和"蓝"视为同一种颜色，俄语被试却并没有比英语被试更多地将"浅蓝"和"深蓝"分开。这些结构差异反映了语言在颜色类别的凸显性和可利用性上的差异（Roberson, 2005）。他们的研究可以被总结成颜色词的颜色知觉的协同理论。

很多跨语言文化比较研究都发现，语言差异会引起与语言无关的非语言认知的差异。相对于其他研究，双语者的研究可以减少不同语言者个体差异带来的误差，为揭示语言与认知的关系提供新思路和新方法，未来需要更多该方面的研究，这样才能深入、全面地揭示双语与认知的关系。蒙-汉双语者是我国少数民族双语学习者的一种类型，两种语言在语系、词汇形态、语法特点、句法结构上均存在明显差异。对于蒙-汉双语者而言，汉语的学习能否引起非语言认知的差异，是一个值得探索的问题。本章后面几节将分别探讨汉语学习对蒙-汉双语的注意广度和颜色认知的影响，并试图探索这种影响的机制。

第二节 蒙-汉双语者的注意广度研究

研究表明，不同文化背景的个体的知觉方式不同。在观察事物的过程中，拥有互依型自我构念的东亚文化个体则关注背景以及对象与背景的关系，倾向于形成依赖于背景的整体式知觉方式；而拥有独立型自我构念的西方文化个体将注意集中于独立于背景的凸显对象，倾向于形成独立于背景的分析式知觉方式。蒙古族传统文化以草原游牧文化为主，游牧畜牧业所拥有的辽阔的草原环境及其生产生活方式培养了蒙古族个体豪放、自由和独立的个性特点。汉族具有深远的农耕集体主义文化传统，汉族个体深受集体主义价值观的影响，注重与他人的和谐相处，更多地表现出依赖于他人和集体的特点。蒙古族和汉族个体深受这两种不同的传统文化和生活环境的影响，二者是否在知觉特点上存在差异？本节将对这一问题进行探讨。

一、蒙-汉双语大学生的注意广度实验研究

本次研究采用整体-部分字母识别任务，考察蒙-汉双语大学生的知觉差异，探索语言文化是否会影响知觉过程。选取某师范大学的汉族大学生50人（女28人，男22人）、内蒙古自治区（以下简称内蒙古）的蒙古族蒙-汉双语大学生50人（女26人，男24人）、蒙古国留学生42人（女20人，男22人）为被试。被试的视力或矫正视力正常，年龄在18—26岁，均未曾参加过类似实验。实验结束后给予被试小礼物或一定报酬。

实验采用3（被试类型：汉族、蒙-汉双语大学生、蒙古国留学生）×2（目标字母：部分字母、整体字母）的两因素混合实验设计，其中，被试内变量为目标字母，被试间变量为被试类型。因变量为反应时。实验材料是由部分字母组成的整体字母，分别为E、H、S和A，共4个字母。被试与屏幕的距离为80cm，部分字母的大小为视角0.57°×0.79°（宽×长），整体字母的大小为视角3.20°×5.40°。部分字母之间相邻的距离为视角0.36°，组成每个部分字母的线条宽度约为视角0.06°。呈现的背景颜色为灰色（亮度为44.00cd/m^2），呈现的字母刺激的颜色为黑色（亮度为0.10cd/m^2）（图6-1）。实验材料共包括8个刺激图形，其中，A和E为干扰字母，H和S为目标字母。每一个刺激图片都包含一个目标字母，目标字母既可能是部分字母（如整体/部分字母为A/H、A/S、E/H、E/S），也可能是整体字母（如整体/部分字母为H/A、H/E、S/A、S/E），两个目标字母不会同时出现在一个刺激图片中。

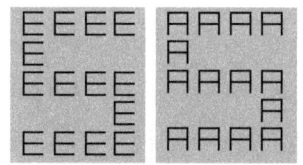

图6-1 实验材料示例

注：由部分字母E、A组成的整体字母S

采用 E-prime 1.1 软件编写实验程序，由电脑屏幕呈现所有刺激。实验程序如下：先在屏幕中央呈现注视点"+"1000ms，接着呈现一个字母刺激，让被试判断电脑屏幕中出现的刺激是 H 还是 S，H 或 S 可能为部分字母，也可能为整体字母。当屏幕上呈现的刺激是 H 时，被试应按键盘上对应贴好的"H"键；当屏幕上呈现的刺激是 S 时，被试应按键盘上对应贴好的"S"键。刺激呈现的时长为 900ms，该时长足够让被试做出又快又准的判断反应；如果被试没有在规定时长内及时做出反应，则被视为反应错误，刺激随即消失，并进入下一个试次（图 6-2）。为了让被试熟悉实验流程和速度，实验中被试需进行 40 个练习实验，正确率达到 90% 后才进入正式实验。正式实验为 80 个试次，中间有一次休息时间。对所有数据均进行两因素的混合设计方差分析，使用 SPSS 16.0 进行统计分析。

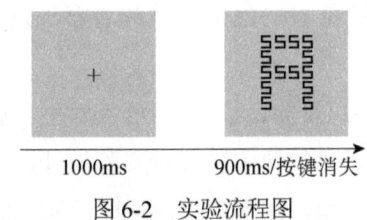

图 6-2 实验流程图

研究结果显示，剔除平均数在三个标准差之外和错误反应的反应时数据（占全部数据的 3.8%），汉族、蒙-汉双语大学生和蒙古国留学生在整体-部分字母任务中的反应时和正确率的描述性统计见表 6-1。

表 6-1 整体-部分字母任务中的反应时和正确率的描述性统计（$M \pm SD$）

指标	类型	汉族（n=50）	蒙-汉双语大学生（n=50）	蒙古国留学生（n=42）
反应时（ms）	整体字母	566.7±55.6	570.1±65.5	598.9±50.5
	部分字母	592.4±52.6	588.8±58.6	561.9±62.9
正确率（%）	整体字母	96.3±2.0	96.0±2.1	95.5±2.1
	部分字母	95.7±2.1	95.5±2.2	96.1±2.0

正确率的两因素混合设计的方差分析未发现任何显著效应，说明被试在实验中不存在速度-准确率权衡问题。对被试的反应时数据进行 3（被试类型：汉族、蒙-汉双语大学生、蒙古国留学生）×2（目标字母：整体字母、部分字母）的两因素混合设计方差分析，结果表明被试类型和目标字母的主效应均不显著；被试类

型和目标字母的交互作用极其显著，$F=24.66$，$p<0.001$。简单效应分析发现，蒙古国留学生在部分字母任务中的反应时显著短于其在整体字母任务中的反应时，$F=27.40$，$p<0.001$；蒙-汉双语大学生在整体字母任务中的反应时显著短于其中部分字母任务中的反应时，$F=8.20$，$p<0.01$；而汉族被试在整体字母任务中的反应时显著短于其在部分字母任务中的反应时，$F=15.54$，$p<0.001$。在整体字母任务中，汉族与蒙-汉双语大学生的反应时无显著差异，$F=0.08$，$p>0.05$；蒙-汉双语大学生的反应时也显著短于蒙古国留学生，$F=5.41$，$p<0.05$；汉族的反应时显著短于蒙古国留学生的反应时，$F=8.29$，$p<0.01$。在部分字母任务中，汉族与蒙-汉双语大学生的反应时无显著差异，$F=0.11$，$p>0.05$；蒙-汉双语大学生的反应时也显著长于蒙古国留学生的反应时，$F=4.50$，$p<0.05$；汉族的反应时显著长于蒙古国留学生的反应时，$F=6.43$，$p<0.05$。

二、语言和文化影响注意广度的分析

跨文化比较心理学研究发现，不同社会文化的个体认识世界的方式有差异，以独立型自我构念为主的欧美人多采用分析式思维和场独立认知，而以互依型自我构念为主的东亚人则更多采用整体式思维和场依存认知（Sharon et al.，2009；Goto et al.，2010）。尼斯贝特和宫本（Nisbett & Miyamoto，2005）比较了东西方文化个体的知觉差异，结果表明，以独立型自我构念为主的美国个体多为分析式思维，其知觉范围较窄；而以互依型自我构念为主的东亚个体多为整体式思维，其知觉范围更广。

本次研究显示，三类被试群体在整体-部分字母知觉任务中存在显著差异。汉族被试识别整体字母的速度显著快于其识别部分字母的速度；蒙古国留学生被试则与之相反，对识别部分字母的速度要快于其识别整体字母的速度；内蒙古蒙古族大学生是蒙-汉双语者，其结果与汉族被试的结果一致，识别整体字母的速度显著更快。汉族和蒙-汉双语大学生在整体字母任务中的表现都要好于蒙古国留学生，而蒙古国留学生则在部分字母任务中的速度更快，汉族与蒙-汉双语大学生之间无差异且速度均较慢。

蒙古族和汉族个体的文化背景引发了自我构念差异，进而导致他们的知觉表现不同,这个结果与东亚-欧美的跨文化研究结果一致。具体来说,以互依型自我构念为主的汉族和蒙-汉双语者在整体任务中的感知表现更好,他们倾向于从整体层面观察事物,更关注对象与背景的关系,形成了与对象的背景紧密关联的整体式知觉特点;而以独立型自我构念为主的蒙古国留学生在部分任务中的感知表现更好,他们更擅长从细节和局部角度观察事物,更关注独立于背景的凸显对象,形成了与对象的背景相独立的分析式知觉特点。

总体来说,我国集体主义的主流文化背景塑造依赖于背景的整体式知觉风格,蒙古国的民族传统文化背景塑造了独立于背景的分析式知觉风格。

第三节 蒙-汉双语者的颜色认知研究

颜色认知是心理对可见光的加工过程,与人们对颜色知觉信息、颜色词和焦点颜色的感知与加工有关,包括感知、记忆、命名等心理成分。颜色认知同时受到光波的物理性质、个体所处的自然环境、个体的视觉器官、文化社会环境和语言习惯的影响。针对这一命题,学术界从多层次、多维度、多方法系统探索了认知和语言的关系,颜色认知的研究逐渐成为探索认知和语言关系的经典例证(Berlin & Kay,1969)。

个体利用符号标签对颜色空间进行编码便可得到颜色词。不同语种对颜色空间的切分方式不同。研究表明,虽然色光的频率变化是连续的,但人类并不把颜色感知为连续的量,而是将其切分为不连续的独立范畴,这些范畴的原型即焦点色(focal color),赋予这些焦点色特指的符号标签就是基本颜色词。个体在感知颜色时会表现出颜色范畴知觉(color categorical perception,CCP)现象,即人类区分不同范畴的颜色刺激的速度和精度都优于区分同范畴的颜色刺激,即使这些颜色刺激的物理差异相同(魏晓言,陈宝国,2011),具体表现为识记和感知过程中的反应时较短、正确率较高、回忆率或再认率较高。

颜色范畴知觉反映了人类知觉将连续光谱切分为不连续的过程,对于其究竟属于语言效应还是知觉效应，学者产生了激烈的争论。颜色范畴知觉的语言效应认为，基本颜色词对颜色范畴起到塑造作用，反映了语言先于范畴认知，支持语言相对论；而颜色范畴知觉的知觉效应认为，颜色范畴先于基本颜色词，反映了范畴认知先于语言，支持普遍进化论。很多学者认为，厘清颜色范畴知觉的性质，对于回答语言与认知的关系问题具有重大意义。

不同语言的基本颜色词数量可能会有所不同，比如，俄语中关于蓝色的基本颜色词有两个——"голубой"（浅蓝）和"синий"（深蓝），韩语中关于绿色的基本颜色词有两个——"황록색"（黄绿）和"푸르다"（绿），而英语中关于这两种颜色的词却各自仅有一个——"blue"（蓝）和"green"（绿）。蒙古族人崇尚蓝色，自称为蓝色民族，在迎接贵宾的时候都敬献蓝色哈达，蒙古语中有关蓝色的基本颜色词的数量多于汉语。很多研究发现文化差异会引起基本颜色词的差异。阿塔那索普洛斯等（Athanasopoulos et al.，2011）从语言学习的角度讨论了语言和颜色认知的关系，发现母语的颜色范畴会被第二语言重塑。还有研究发现，颜色范畴效应是一种受语言影响的内隐认知控制过程（Gilbert et al.，2006；Hu et al.，2014；Mo et al.，2011；Ting et al.，2009），为了探索语言学习对颜色范畴知觉的影响，并进一步探讨语言影响颜色认知的机制，本次研究以蒙-汉双语者为研究对象，比较不同汉语水平蒙-汉双语者的颜色范畴知觉过程差异，从脑与行为两个角度探讨颜色范畴知觉的认知机制，以期探索语言与认知的关系。

一、蒙-汉双语者在420—500nm色光区的知觉研究

本次实验将探讨不同汉语熟练度的蒙-汉双语者的颜色范畴效应，旨在探索双语者的第二语言习得过程如何影响颜色范畴效应。如果语言确实会影响颜色范畴知觉，蒙-汉双语者的汉语水平将会影响颜色范畴效应。

本次实验共有68名被试，来自非美术类专业，视力或矫正视力正常，左利手，蒙-汉双语，所有被试的母语为蒙古语、第二语言为汉语。通过语言背景调查，我们将被试分成低汉语水平组和高汉语水平组。具体来说，我们用被试对蒙古语（母语）听说读写自评量表的平均得分减去汉语（第二语言）听说读写自评量表的平

均得分，若差值大于 1，则将其归为低汉语水平组；若差值小于等于 1，则将其归为高汉语水平组。最终得到高汉语水平组共 35 人（女 18 人，男 17 人），低汉语水平组共 33 人（女 18 人，男 15 人）。蒙-汉双语者的语言水平见表 6-2。实验材料如图 6-3（a）和图 6-3（b）所示，色调均匀渐变的蓝色块（B1、B2、B3、B4）和绿色块（G1、G2、G3、G4）各四种，详细参数见表 6-3，四种色块在 CIELab 系统中的色差 ΔE=5.1。选取蒙、汉两族被试各 20 名，命名实验结果显示，蒙古族大学生总是将 B1 和 B2 色块命名为 chenker，将 B3 和 B4 色块命名为 huhe，汉族大学生总是将 B1、B2、B3、B4 色块命名为蓝；蒙古族大学生总是将 G1、G2、G3、G4 色块命名为 nogon，汉族大学生总是将 G1、G2、G3、G4 色块命名为绿。色块总是出现在 1、2、3、4 号位（Zhou et al., 2010）。要求被试在 2500ms 内又快又准地判断目标色块。色块呈现在色环的左边或右边，若在左边则按"F"键，若在右边则按"J"键。目标色块和其他色块可能是同范畴的，也可能是异范畴的。

表 6-2　蒙-汉双语者的语言水平情况（$M\pm SD$）

筛选指标	高汉语水平组	低汉语水平组
平均年龄（岁）	20.85±1.14	21.10±1.16
蒙古语听力	5.24±0.95	5.66±1.08
蒙古语口语	5.23±0.99	5.49±1.03
蒙古语阅读	5.09±1.02	5.12±0.99
蒙古语写作	5.10±1.01	5.18±1.02
汉语听力	4.89±1.23	4.04±1.29
汉语口语	4.97±1.34	4.08±1.19
汉语阅读	4.86±1.29	3.80±0.99
汉语写作	4.66±1.19	3.79±0.98
蒙古语使用频率（%）	74.45±9.90	89.38±10.02
汉语使用频率（%）	45.54±6.60	28.97±5.79
开始习得二语的年龄（岁）	8.96±1.86	10.02±0.96
能用汉语交流的年龄（岁）	10.23±2.09	14.36±3.96

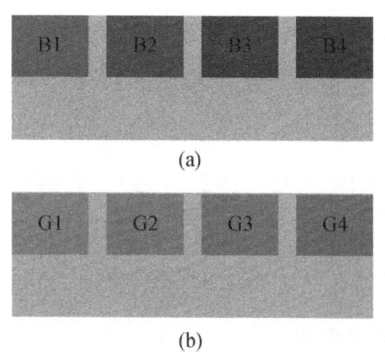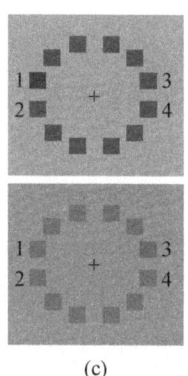

图 6-3　实验用的颜色材料

注：(a) 视觉搜索中的蓝色色块：B1-B2 和 B3-B4 是同范畴，B2-B3 是异范畴；(b) 视觉搜索中的绿色色块：G1-G2 和 G3-G4 是同范畴，G2-G3 是异范畴；(c) 12 个色块组成的色环样例，目标色块随机呈现在 1、2、3 或 4 号位

表 6-3　视觉搜索中所用的颜色材料 RGB 和 CIELab 参数

颜色	R	G	B	L	a	b	E	蒙古语名	汉语名
B1	42	161	218	62.45	−12.34	−38.26	74.25	chenker	蓝
B2	28	139	203	55.10	−6.64	−41.26	60.16	chenker	蓝
B3	4	118	185	47.60	−2.25	−42.84	64.08	huhe	蓝
B4	26	96	165	39.97	4.35	−43.16	58.98	huhe	蓝
G1	62	255	120	88.88	−73.84	50.87	126.25	nogon	绿
G2	31	234	101	82.00	−73.00	51.20	121.14	nogon	绿
G3	0	215	84	75.00	−72.00	51.00	116.00	nogon	绿
G4	0	194	67	68.22	−71.70	50.10	111.00	nogon	绿

实验中，在 17 英寸①的显示屏中央呈现色环，色环由 12 个 1.5cm×1.5cm 的色块组成，见图 6-3（c）。色环以黑色的注视点为中心，其中 11 个色块的颜色完全相同，1 个色块为目标色块，目标色块与其他色块的颜色不同。目标色块只会出现在色环的 1、2、3、4 号位（Zhou et al., 2010）。要求被试在 2500 ms 内又快又准地识别目标色块，若目标色块出现在左边则按"F"键，若目标色块出现在右边则按"J"键。目标色块和其他色块既可能是同范畴的（例如，B1-B2、B3-B4、G1-G2、G3-G4），也可能是异范畴的（例如，B2-B3、G2-G3）。在蒙古语和汉语中，G2-G3 都是同范畴颜色，在汉语中，B2-B3 也是同范畴颜色，为了材料对比简便，G2-G3 和 B2-B3 均按照异范畴的颜色进行处理，这种处理方式与温纳维尔等

---

① 1 英寸≈2.54 厘米。

(Winawer et al., 2007)比较俄罗斯语和英语、罗伯逊等（Roberson et al., 2008）比较韩语和英语的处理方式相同。实验中显示器的参数为：分辨率为1440像素×900像素，32位色，亮度和对比度均为50%，红蓝绿色温均为100%，刷新率为60Hz。呈现背景始终为灰色背景（RGB：192，192，192）。被试坐于隔音室内，身体距离显示器60cm。每个试次的呈现顺序依次为，屏幕中心呈现"+"的红色注视点，持续时间为500ms；然后呈现色环，持续时间不超过2500ms，要求被试尽快判断目标色块的位置，被试做出按键反应后，色环消失，呈现500ms空屏，接着开始下一个试次。整个实验包括16个练习试次和64个正式试次。实验为2（汉语水平：高、低）×2（颜色范畴：同范畴、异范畴）的混合设计，被试间变量是汉语水平，被试内变量是颜色范畴。

实验结果显示，所有被试的反应正确率都高于90%，统计分析结果表明，所有被试在实验中不存在速度-准确性权衡问题。删除被试的错误反应后，剔除2个标准差以外的反应时数据，总共删除了约9%的数据，剔除数据后的反应时数据见表6-4。

表6-4　不同汉语水平蒙-汉双语者的反应时（$M±SD$）

汉语水平	颜色范畴	
	异范畴	同范畴
高	893±193	923±187
低	910±194	1064±201

对反应时的方差分析结果显示，颜色范畴的主效应显著，$F(1, 66)=34.78$，$p<0.001$，$\eta^2=0.34$；被试类型的主效应不显著，$F(1, 66)=2.75$，$p>0.05$；被试类型和颜色范畴的交互作用显著，$F(1, 66)=18.90$，$p<0.001$，$\eta^2=0.22$。简单效应分析结果显示，低汉语水平蒙-汉双语者的颜色范畴效应显著，$p<0.001$，$\eta^2=0.54$，而高汉语水平蒙-汉双语者的颜色范畴效应不显著。

本次实验探讨了蒙-汉双语者的第二语言熟练度对420—500nm色光区的颜色范畴知觉的影响，结果显示，低汉语水平的蒙-汉双语者在感知浅蓝和深蓝时的表现与蒙古语者的表现相似，都表现出显著的颜色范畴效应；而高汉语熟练度的蒙-汉双语者却和汉语者的表现相似，均未表现出显著的颜色范畴效应。已经有研究报道，蒙古语者在区分浅蓝和深蓝时出现了颜色范畴效应，而汉语者在区分深蓝和浅蓝时没有出现这一效应（李杰等，2018）。有关双语者语义的研究揭示，语言的熟练度差异能反映出概念层或语义层的激活差异（姜淞秀等，2015；Boroditsky，2001），不同的熟练度对概念层的激活程度也不同。如果不同汉语熟练的蒙-汉双语者的范畴加工出现差异，那么这种差异形成的原因应当是不同汉语熟练度的蒙-汉双语者的语义层激活不同，不同第二语言熟练度的双语者的颜色范畴知觉也不同，这提示双语者表现出的颜色范畴知觉是一种语言效应。本次实验从语言熟练度的角度更精细地验证了语言对知觉的影响，结果支持语言相对论假设。

上述实验从行为的角度探索了语言影响颜色知觉的过程，而脑电技术通过反映人类大脑对视觉刺激早期自动化加工的脑电成分——视觉失匹配负波，可进一步探明不同熟练度蒙-汉双语者的颜色范畴知觉在知觉早期阶段的加工差异，探讨语言影响颜色范畴知觉的脑与认知机制。

二、蒙-汉双语者在420—580nm色光区的脑电实验

脑电可以更深入直接地探索心理过程的脑机制，本次实验采用Oddball范式（怪球范式），从脑电的角度探索语言影响蒙-汉双语者的大脑对颜色范畴知觉的时间进程。如果语言会影响颜色范畴效应，那么汉语水平将会影响蒙-汉双语者在420—580nm色光区的脑电指标强度。本次实验运用脑电技术，比较不同汉语熟练度的蒙-汉双语者在420—580nm色光区的颜色范畴知觉任务中的脑电指标差异。

本次实验的被试是蒙-汉双语大学生，共29名，被试筛选和分组标准同上述行为实验。其中，高汉语水平组被试有15名（女7人，男8人），低汉语水平组被试有14人（女7人，男7人），被试的具体情况见表6-5。

实验材料为四种颜色：Q1（RGB：28，139，203）、H1（RGB：26，96，165）、G1（RGB：0，254，84）、G2（RGB：0，175，52）。被试的命名任务显示，在汉语中，H1和Q1都是"蓝"，在蒙古语中，H1是huhe（深蓝）色，Q1是chenker（浅蓝）色，G1和G2在汉语和蒙古语中都表示绿色或nogon（绿）。这些颜色刺激都取自420—580nm色光区。

表6-5　脑电实验中不同汉语水平被试情况（M±SD）

筛选指标	高汉语水平	低汉语水平
平均年龄	21.25±1.10	21.20±1.17
蒙古语听力	5.34±0.96	5.76±1.09
蒙古语口语	5.28±1.09	5.39±1.01
蒙古语阅读	5.19±1.01	5.22±1.00
蒙古语写作	5.15±1.01	5.16±1.02
汉语听力	4.99±1.23	4.17±1.29
汉语口语	4.97±1.21	3.98±1.09
汉语阅读	4.93±1.19	3.90±1.00
汉语写作	4.86±1.09	3.76±0.98
蒙古语使用频率（%）	75.65±9.95	91.68±11.01
汉语使用频率（%）	43.54±6.45	24.42±5.43
开始习得二语的年龄（岁）	8.46±1.96	11.08±2.99
能用汉语交流的年龄（岁）	9.73±1.97	14.86±4.26

实验包括脑电数据收集和脑电数据分析两部分：①脑电数据收集。采用德国BP公司的脑电系统和actiCAP64通道的电极帽连续不断地记录被试的脑电数据，以AFz中点为接地点，以FCz点为参考电极。在被试的右眼下部放置垂直眼电。设备滤波带宽为0.01—40Hz，陷波为50Hz，脑电信号采样率是500Hz，头皮与脑电帽的接触电阻均小于7kΩ（Thierry et al.，2009）。②脑电数据分析。用BP公司的Vision Analyzer Software（视觉分析器软件）（第二版）对原始数据进行离线分析。具体步骤如下：将参考电极转换为TP9和TP10；去眼电伪迹；用低通20Hz进行滤波，以刺激呈现前100ms到呈现后700ms为标准进行分段，并用刺激呈现前100ms的脑电作基线矫正。将POz、PO3、PO4、PO7、PO8、O1、O2、Oz合成一个电极，对相同刺激条件下的数据进行叠加处理平均和基线校正，之后得出被试各自在不同刺激条件下的平均脑电波形，再由偏差刺激减去标准刺激，失匹配负波就是180—260ms内的波峰，最后对全部被试在各条件下的脑电波求平均（Thierry et al.，2009）。具体实验过程如下：将实验刺激做成方形或圆形颜色块。偏差刺激和标准刺激都用圆形色块，偏差刺激与标准刺激的形状相同，但颜色不同，目标刺激是方形色块，在电脑的液晶显示器上显示实验刺激，每个色块显示时长为800ms，两个色块之间的呈现时间间隔为200ms。实验有4个组块，其中两个组块用绿色刺激，G1和G2轮流作为标准刺激（或偏差刺激），另外两个组块

用蓝色刺激，Q1 和 H1 轮流作为标准刺激（或偏差刺激）。每个组块中有 64 组色块以随机顺序呈现，每组 10 个色块，在这 10 个色块中，刺激以伪随机顺序呈现：1 次目标刺激，2 次偏差刺激（不会连续呈现），7 次标准刺激。被试独自坐在一个光线较暗的小实验室中，距灰色背景（RGB：192，192，192）显示屏约 60cm，经过 180 个色块的练习实验后，呈现 800ms 的红色注视点，之后开始正式实验，当目标刺激出现时，被试需要按"K"键；当其余刺激出现时，被试不需要按键。

实验结果表明，目标刺激的平均命中率为 98.65%，平均反应时为 517ms，平均按键错误数小于 3 次。参考莫雷等（Mo et al., 2011）的实验，我们取刺激呈现后 160—240ms 的时间窗测量 N200 的平均波幅，发现目标刺激比标准刺激诱发了更强的 N200 成分，$F(1, 28)=23.53$，$p<0.001$，$\eta^2=0.17$，见图 6-4。地形图是用相应时间窗内的 N200 成分均值进行绘制的。ERP 数据与行为数据共同说明被试对目标刺激有很高的识别率，对目标刺激投入了高度的注意。这表明实验中，被试对偏差刺激的反应符合诱发视觉失匹配负波的条件。

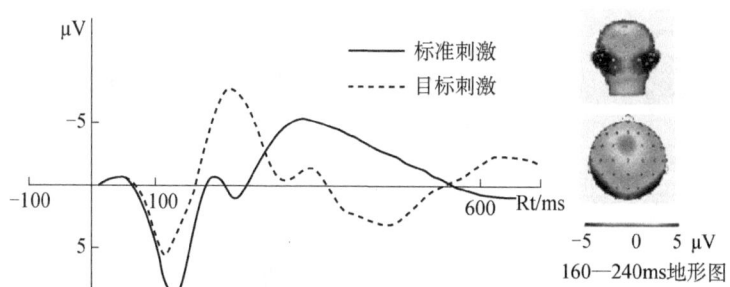

图 6-4　Oddball 实验中目标、标准刺激在枕区诱发的 ERP 总平均波形和 N200 地形图

对于偏差刺激，在 180—260ms 时间窗内，对不同汉语水平的蒙-汉双语者的脑部枕区原始波的波峰值和潜伏期分别进行 2（颜色：绿、蓝）×2（刺激类型：偏差刺激、标准刺激）的组内方差分析，结果显示，在波峰值上，对于低汉语水平的蒙-汉双语者来说，颜色的主效应不显著；刺激类型的主效应显著，$F(1,13)=10.26$，$p<0.001$，$\eta^2=0.42$；颜色和刺激类型的交互作用显著，$F(1, 13)=24.68$，$p<0.001$，$\eta^2=0.63$。对于高汉语水平的蒙-汉双语者来说，颜色的主效应显著，$F(1,14)=60.45$，$p<0.001$，$\eta^2=0.80$；刺激类型的主效应显著，$F(1, 14)=89.56$，$p<0.001$，$\eta^2=0.85$；颜色和刺激类型的交互作用不显著，$F(1, 13)=1.32$，$p>0.05$。所有条件的潜伏

时间均在 200ms 左右，其主效应和交互作用均不显著。

偏差刺激诱发的负波成分都大于标准刺激，用枕区偏差刺激的波形减去标准刺激的波形，在 180—260ms 时间段内所得的差异波为视觉失匹配负波，用相应时间窗内的视觉失匹配负波均值绘制波形图和地形图，如图 6-5 所示。对两组蒙-汉双语被试视觉失匹配负波的平均波幅进行 2（汉语水平：低、高）×2（颜色：绿、蓝）的混合设计方差分析，研究结果表明，颜色和汉语水平的交互作用显著，$F(1, 28)=25.08$，$p<0.001$，$\eta^2=0.46$，两个自变量的主效应都不显著。简单效应分析得出，高水平汉语被试识别蓝色刺激和绿色刺激产生的视觉失匹配负波的平均波幅差异不显著，而低汉语水平被试识别蓝色刺激产生的视觉失匹配负波的平均波幅显著大于绿色刺激，$p<0.001$，$\eta^2=0.46$，低汉语水平被试识别蓝色刺激产生的视觉失匹配负波的平均波幅显著大于高汉语水平被试，$p<0.05$，$\eta^2=0.12$。

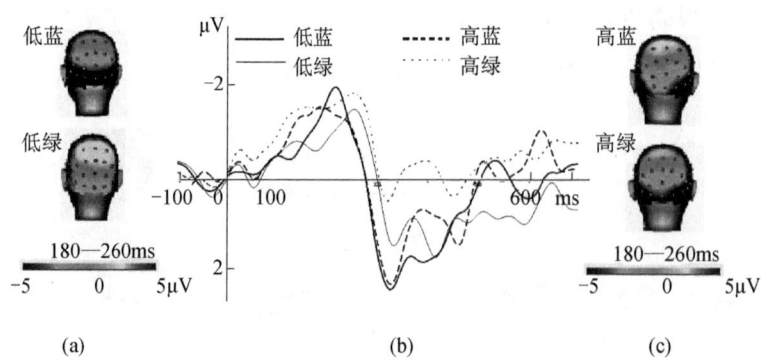

图 6-5　不同汉语水平的蒙-汉双语者枕区视觉失匹配负波的波形图和地形图
注：（a）低汉语水平的蓝和绿视觉失匹配负波的地形图；（b）波形图；
（c）高汉语水平的蓝和绿视觉失匹配负波的地形图

脑电实验结果表明，蒙-汉双语者的汉语水平影响了他们的颜色知觉，相较于高汉语水平蒙-汉双语者，低汉语水平蒙-汉双语者在识别蓝色刺激时产生了更大的视觉失匹配负波。蒙古语在蓝色区有两个基本颜色词，绿色区仅有一个基本颜色词，而汉语在蓝色区和绿色区都只有一个基本颜色词。因为基本颜色词会影响颜色知觉，所以低汉语水平蒙-汉双语者的颜色概念系统受第二语言（汉语）的影响相对较弱，在蓝色区识别 chenker 色和 huhe 色刺激时产生了颜色范畴知觉，诱发了更大的视觉失匹配负波；而汉语水平较高的蒙-汉双语者，由于第二语言颜色词干扰了母语的颜色概念系统,所以在蓝色区没有产生颜色范畴知觉。通过考察视觉失匹配负波的性质和潜伏时间可推断,蒙-汉双语者对汉语的学习自动地影响了颜色知觉的前注意阶段。这和阿塔那索普洛斯等(Athanasopoulos et al.,2010)对希腊语-英语双语者的研究结果相似,英语的学习也干扰了希腊语-英语双语者的语言概念系统,影响了希腊语-英语双语者的颜色范畴知觉。语言对颜色范畴知觉的影响发生在认知加工的早期阶段,双语者拥有的两种语言的不同颜色概念系统会相互影响。

三、讨论与结论：语言习得对双语者颜色认知的影响

本次研究以双语者第二语言习得的角度,从行为和脑电生理活动两个层面,通过操纵语言熟练度探究了语言对知觉的影响。颜色范畴知觉反映了人类视觉在加工连续的可见光谱时的不连续性(魏晓言,陈宝国,2011),有的研究者认为,颜色范畴知觉是一种语言效应(Gilbert et al.,2006；Roberson et al.,2008),而有的研究者则认为,颜色范畴知觉中有知觉效应成分(Skelton et al.,2017；Yang et al.,2016；刘强等,2008),至少婴儿期的颜色范畴知觉中有知觉成分(Franklin et al.,2008a；Yang et al.,2016),语言学习使颜色范畴效应由知觉效应转化成语言效应(Franklin et al.,2008b；Kwok et al.,2011；Zhong et al.,2015；Zhou et al.,2010)。

本次研究发现,虽然汉语与英语差异较大,但汉语作为第二语言时,对其的学习也会影响蒙-汉双语者母语的颜色范畴知觉,这个结论扩展了以往双语研究的外部效度。本次有关颜色范畴知觉的跨语言比较研究发现,在颜色范畴知觉过程中,语言会自动实时影响早期的知觉加工过程,即在线效应。关于双语者语义的研究提示,语言的熟练度能反映相应语言的概念层或语义层的激活程度(姜淞秀等,2015；Boroditsky,2001),不同语言熟练度的双语者概念层的激活程度也不同,本次研究发现,不同第二语言熟练度双语者的颜色范畴知觉不同。阿塔那索普洛斯等对希腊语-英语、日本语-英语等双语者的研究也发现,双语者的第二语言熟练度会影响其范畴加工效应,这说明语言学习会影响颜色范畴知觉(Athanasopoulos,2008；Athanasopoulos et al.,2010,2011),颜色范畴知觉是一种语言效应。

从第二语言熟练度对双语者认知的影响视角分析，第二语言熟练度不同的双语者在概念连接层面有差异，高熟练度第二语言双语者为共享概念层，而低熟练度第二语言双语者为分离概念层（姜淞秀等，2015；Boroditsky，2001）。范畴知觉本就与概念或类别判断有关，高汉语水平的蒙-汉双语者的蓝色范畴逐渐融合成一个概念，而低汉语水平的蒙-汉双语者受母语的影响更明显，更倾向于对母语进行分类，这说明虽然范畴加工效应具有先天性，但后天的语言标签学习可以让其发生变化，这一变化可能伴随着语言熟练程度的不同而有所差异。本次研究不仅在早期过程认知加工中再验证了语言相对论假说，并对语言相对论假设做出了新的说明，还从语言对认知的塑造作用角度出发扩展了已有的研究。

当前研究主要通过对西方语言单语者的组间跨语言比较得出结论，本次研究从双语的角度，既扩展了已有研究的外部效度，又运用行为实验和脑电技术增强了研究的内部效度。以往关于颜色范畴知觉的研究采用的是被试间设计，个体差异会带来较大的误差。本次脑电实验采用被试内设计比较了同一语言中语言标签数量不同的色区，发现语言标签越多的色区，颜色范畴效应越强，更加清晰地说明了语言会影响知觉。这一结果与一些研究（Zhong et al.，2015；Kwok et al.，2011；Zhou et al.，2010）关于人工颜色词学习的研究结论相似。本次研究还展示了自然语言学习过程中双语者的颜色范畴知觉会发生变化，将先前研究（Kwok et al.，2011；Zhou et al.，2010）的结论由实验室研究扩展到自然学习过程，增强了人工颜色词学习研究的生态效度。

颜色范畴知觉的脑偏侧化研究也印证了本次研究的结果。莫雷等（Mo et al.，2011）发现，因为语言会影响颜色范畴知觉，视觉失匹配负波的颜色范畴效应具有左脑-右视野优势效应。脑电研究（Liu et al.，2009）同样发现，视觉搜索任务中的N2pc同样表现出左脑-右视野偏侧化趋势。本次研究的脑电实验也发现，失匹配负波具有颜色范畴效应，这与前人研究相互印证，共同说明语言能影响早期知觉过程。这些脑电研究结果表明人类的知觉具有极强的可塑性和灵活性，语言可以塑造早期知觉。从语言对知觉的塑造作用来看，语言普遍论与语言相对论假设并不矛盾。

杨等（Yang et al.，2016）和富兰克林等（Franklin et al.，2008a，2008b）的发展心理学研究既展示了语言与颜色知觉相独立的一面，又展示了个体早期心理发展过程中语言与认知在心理发展过程逐渐发生关联的一面（Yang et al.，2016；Franklin et al.，2018a，2018b）。研究者们（Zhong et al.，2015；Kwok et al.，2011；Zhou et al.，2010）采用人工颜色词学习研究，从因果关系的角度证明了语言是塑造颜色知觉的原因，至少是原因之一。关于双语者颜色范畴知觉的研究也揭示，语言学习或文化接触会对颜色知觉产生影响，语言会影响颜色认知，语言相对论具有合理性，至少弱假设成立。

为了解释颜色范畴知觉的认知加工机制，研究者（Hu et al.，2014）提出了范畴标签自动对比模型，该模型认为，颜色范畴效应来自知觉信息和语言标签自动对比过程的认知冲突。本次研究中，视觉失匹配负波反映了人脑对信息的早期、自动的在线加工，脑电结果证实了颜色范畴效应和早期自动加工有关，语言影响颜色知觉是一种内隐的在线过程，印证了范畴标签自动对比模型。范畴标签自动对比模型表明，颜色范畴知觉会受到颜色刺激的物理特征和语言标签的共同影响，知觉和语言都会影响颜色范畴知觉，印证了协同论的语言认知观点。

本次研究采用了较客观的语言评价方法操纵语言熟练度，但自评量表方法对语言熟练度的评估比较粗糙，需要更精密的语言操作方法验证其研究结果，人工语言学习正好可以精密地操纵语言学习过程。由于本次研究的实验范式对脑电信号的信噪比有一定影响，后续的人工语言训练研究可以收集信噪比更高的 N170 脑电信号和其他生理信号。

总体来说，汉语熟练度不同的蒙-汉双语者在颜色范畴知觉上存在差异，语言对知觉的影响在早期前意识阶段已有显现，语言相对论假设在知觉早期加工过程中也可能成立，这印证了关于印欧语言研究得到的结论。

四、总论：语言文化与认知协同影响论

蒙古语和汉语的基本颜色词数量有差异，且在 420—500nm 色光区的基本颜色词数量不一样，基本颜色词数量会影响个体对相关色区的分类结果，说明语言能影响颜色知觉，但这种影响受到视觉生理机制的限制，暗示语言对认知的影响会受到生理机制的约束。语言干扰会使蒙古语者在 420—500nm 色光区的颜色范畴知觉消失，而知觉干扰不会改变其颜色范畴效应。第二语言（汉语）水平较高

的蒙-汉双语者在蓝区的范畴加工效应弱于第二语言水平较低的蒙-汉双语者，蒙-汉双语者在绿色区的范畴加工效应不受第二语言水平的影响。本次研究结果表明，第二语言可以塑造双语者的认知方式，语言能影响认知，但这种影响会受到视觉生理结构的约束，沃尔夫（Whorf）的弱假设成立，语言与认知关系的协同论成立。

本节综合运用多种研究方法从多角度探索了颜色范畴知觉的性质，得出如下主要结论：基本颜色词能影响颜色范畴知觉，但是这种影响会受到人类视觉对颜色分辨能力的限制。这个结果得到了某些研究的呼应，富兰克林（Franklin）等的研究发现，生命早期的颜色范畴知觉是一种知觉效应，在个体心理发展过程中的基本颜色词习得影响了颜色范畴知觉，使其转化为一种语言效应（Franklin et al., 2008a, 2008b）。维果茨基也认为，人类的认知和语言有着不同的源头，在个体成长过程中，人类改造世界的活动使语言和认知发生交汇，二者相互影响（维果茨基，2010）。刘强等（2008）也发现，颜色范畴知觉中有知觉效应的成分。以上这些研究说明颜色范畴知觉中既有语言效应的成分，也有知觉效应的成分，语言和知觉共同塑造了颜色范畴知觉。颜色范畴知觉的语言效应来自人类丰富多彩的文化形态，颜色范畴知觉的知觉效应根植于长期进化形成的人类的视觉生理结构（Yokoyama et al., 2015），所以，人类的颜色认知受到语言文化和生物进化的共同作用。

在颜色知觉领域中，语言认知协同论的具体内涵可能是：颜色感知能力主要受遗传和进化的影响，符合普遍进化论假设；而颜色感知过程会受到语言的影响，符合语言相对论假设。本次研究认为，人类的颜色分辨能力独立于语言文化，与视觉器官的生理结构有关。比伯等（Bieber et al., 1998）发现，人类的颜色分辨能力与视网膜中不同类型的锥体细胞的密度分布有关。有研究者（Komáromy et al., 2010）也指出，人类视网膜中锥体细胞的类型由基因型决定。综上所述，人类颜色分辨能力主要由视觉的生物学基础决定。本次研究同样认为，语言对个体颜色知觉早期加工过程有影响，这种影响是一种自动的内隐在线过程，这个结果得到了诸多研究的印证（Athanasopoulos, 2008; Gilbert et al., 2006; Maier et al., 2018; Mo et al., 2011）。先天的遗传进化和后天的语言文化会同时影响人类的认知，这种共同影响是支持语言相对论弱假设正确性的基础，也是语言和认知协同影响人类心理和行为的基础。

语言认知协同论得到了文化-基因协同进化论的印证。来自文化心理学和行为遗传学的研究证实，除了颜色认知外，人类的其他心理和行为也会受到语言文化和进化的共同作用（Halldorsdottir & Binder，2017；Han et al.，2013；Kim & Sasaki，2014）。文化心理学认为，人类的文化塑造了大脑，影响了人类的认知，语言作为文化的一种符号凝结，会通过后天过程影响人类的认知，这印证了语言相对论假设，语言文化差异会导致认知差异。行为遗传学则认为，人类长期进化而来的基因决定着大脑形态，大脑作为生物进化的结果，影响了人类认知，印证了普遍进化论观点，人类认知有着生物学源头。语言相对论和普遍进化论都有各自合理的一面，所以语言认知关系的协同论观点正确，由此可以建立一种协同论的理论框架，见图6-6。

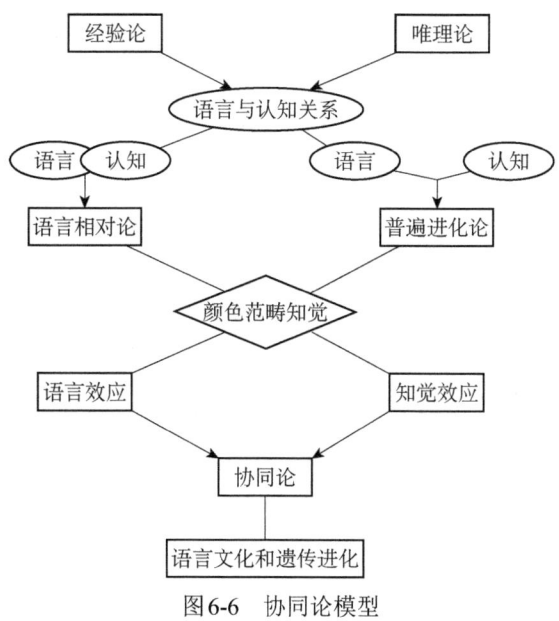

图6-6 协同论模型

第七章

语言战略：语言生活与社会发展

语言背后凝聚着相应的文化价值观。个体在使用某种语言的过程中会能动地匹配相应的语言身份，产生语言认同。某种语言的推广和使用必定会包含有意或无意的价值观传播，语言研究具有重要的战略价值和社会意义。我国民族众多，语言资源非常丰富，多学科、多角度地推进语言研究具有重要的战略意义，对于我国的社会治理、国家安全具有重要的潜在意义。

第一节 语言战略视角下的语言研究

语言战略研究主要聚焦两个问题：第一，有关全局的语言文字问题，如 20 世纪中叶中国推广简化字、普通话以及制定并推行汉语拼音方案，又如 20 世纪末开始的语言文字信息化、标准化和规范化。第二，通过语言战略推动全局问题的解决，例如，新加坡将国语定为马来语，印度的每个邦都有自己的语言，国情特殊的加拿大实施的是双语制；殖民地宗主国为了加强对殖民地的占领，往往会灭亡殖民地的文化，在殖民地推行宗主国的语言等（李宇明，2016）。

一、双语研究与语言战略研究

双语教育与语言战略具有密切的联系。在全球化、现代化的今天，经历过外国语教育的人都是双语者，在当前特殊的时代背景下，作为发展中国家的中国，如何在实施外国语教学的同时，妥善处理外语教学过程中外来文化对中国文化的冲击，保护中国公民对自己国家和文化的认同，是一个值得研究的问题；同时，中国境内的某些拥有民族语言的少数民族个体，如何在学习国家通用语言文字的过程中妥善处理好民族认同和国家认知之间的关系，同样也是一个值得研究的问题。对这两个问题的研究，对于国家统一和稳定具有重要的战略意义（黄行，2016）。

双语或双文化对国家安全具有极为深刻的潜在影响。双语和双文化是两个不同的概念，前者是针对个体语言能力而言的，后者是针对个体对不同文化的内化和适应程度而言的。但是考虑到语言是文化的载体，双语者和双文化者又有非常密切的联系。双语学习通常会成为个体内化两种文化的关键起点和重要途径。对少数民族人民进行民族语-汉语的双语教育除了具有重要的经济意义外，也是促进少数民族个体对国家认同的重要途径。对于中国普通公民来讲，进行国家通用语和外国语的双语教育，是培养具有全球视野的中国公民的重要手段。

二、语言习得与国家认同

语言文化研究对于国家认同或民族认同研究具有重要意义，语言可以通过个体社会化间接而又深刻地影响国家安全和社会稳定。语言相对论认为，通过语言习得过程，个体不但习得了作为符号系统的语言，也习得了语言背后的文化价值观。语言会对国家安全产生重要影响，语言安全是非传统国家安全的一部分，其涉及的内容非常丰富，包括语言本身、语言使用与国家社会安全的关系。就国家社会方面来说，语言及其使用应当满足国家稳定和社会发展的需求，同时应尽量避免因语言问题而发生影响国家、社会安全的事情。

个体在语言习得过程中会习得甚至认同语言背后所代表的文化价值观和社会规范，这对国家安全具有重要的影响。在个体社会化的过程中，个体在与社会的互动中会内化社会所期望的价值观和行为规范，获取社会生活所需要的知识和技能，以适应社会变化。对于社会而言，这是文化得以延续的手段；对于一个国家来讲，公民的社会化是内化国家法律制度和道德准则的唯一途径。从心理学的角度来看，个体的社会化过程就是个体社会认知的发展过程，包括自我的发展、社会态度和价值观的发展。语言社会化是指个体通过对语言的学习，不断实现社会化的过程，并接受相应的价值观、行为方式和社会习俗（周海明，2020）。

三、普通话与国家安全

汉语是世界上历史最悠久、使用人口最多的语言之一。现代汉语既是我国汉族的共同语，也是我国各民族之间的交际语，还是联合国六种工作语言之一，在国际交往中具有重要的作用。中华人民共和国成立以后，政治、经济和文化的发展对国家和民族共同语言的进一步统一和规范有了更高的要求，各地人民对学习共同语也有了迫切的需要。因此，1955年，全国文字改革会议和现代汉语规范问题学术会议在北京召开，确定把汉民族共同语称为普通话（黄伯荣，廖序东，2011），普通话中"普通"的意思是"普遍通用"（张奚若，1955）。普通话以北京语音为基础，以北方方言为基础方言，以典型的现代白话文著作为语法规范。《中华人民共和国宪法》第十九条规定"国家推广全国通用的普通话"，确立普通话为国家通用语言。2000年10月31日，第九届全国人民代表大会常务委员会第十八次会议通过《中华人民共和国国家通用语言文字法》，提出"国家通用语言文字的使用应当有利于维护国家主权和民族尊严，有利于国家统一和民族团结，有利于社会主义物质文明建设和精神文明建设"。

值得注意的是，1955年召开的全国文字改革会议和现代汉语规范问题学术会议上仅将普通话确定为汉民族共同语，目前的《中华人民共和国宪法》《中华人民共和国国家通用语言文字法》都只确认普通话是我国的"国家通用语言"，并未确定普通话是"国语"。将普通话确立为国家通用语言，是我国社会经济发展的自然结果，也是我国各族人民之间相互进行经济文化交流的必要条件和要求。

第二节 语言与社会治理

语言不仅是一种文化现象或符号标签，也是一种社会资源，语言研究与社会治理存在密切的关联。比如，全球化背景下，参与国际援助的医生和患者可能存在语言上的差异，从而可能会产生沟通问题、健康教育问题等，这和语言学息息相关。

一、应急管理中的语言问题

应急管理不只是一个政治学或管理问题，还涉及语言问题。自新型冠状病毒肺炎疫情发生以后，语言的应急价值凸显，涉及应急管理中的沟通问题和舆情管理。应急语言指的是应急管理中使用的语言，包括外语、手语、盲文、方言、少数民族语言和国家通用语言。对应急管理中的语言研究包含应急语言理论和应急语言应用两方面。

应急语言理论应该着力于使该理论问题得以体系化和学科化，至少包含以下核心问题：第一，应急语言规划和政策研究，旨在探索应急管理中的语言政策，以及建立应急语言选择技术和标准；第二，应急心理语言，以心理语言学为基础，探索应急状态下人类语言的加工、提取和应用规律;第三,应急语言翻译,以应用翻译学为基础,探索应急管理中跨语言沟通、交流和表达的策略;第四,应急语言教育,以应用语言学为基础,研究应急语言的教育理论和方法;第五,应急语言管理,以社会语言学和语用学为基础,探索应急状态下的语言管理或舆情管理方法和技术(王立非等,2020)。

应急语言应用面向的是应用管理,在应急事件中,应服务国家安全和人民生命财产安全,着力提升应急语言能力,主要包含以下具体问题:第一,应急状态下国家和政府的话语权研究,涉及如何维护国家安全、维护国家形象、增进社会凝聚力等;第二,应急语言能力提升研究,涉及如何通过教育提高应急状态下的语言能力,以增进社会沟通和信任,促进社会治理水平的提升,保证人民的安康和幸福(王立非等,2020)。

二、语言与健康

语言与健康有密切的关系,语言是健康的媒介,也是健康的资源,还是健康的标志。在人类使用语言的过程中,语言不但是传递和表达信息的手段,还是洞察人类健康的标志。语言功能是否正常是很多生理疾病和心理疾病的判定标准。从生理学的角度来看,语言功能障碍与脑疾病、发育异常和呼吸系统疾病等生理病变密切相关;从心理学的角度来看,语言功能障碍与自闭症、精神分裂症、应激障碍等心理疾病密切相关。语言也是人类从事健康活动的媒介,医疗活动不仅涉及诊断和管理疾病的诊疗康复活动,还涉及良好医患关系的建立,语言活动是决定医患关系建立成败的重要因素,很多医患冲突其实不是源自技术层面的医疗行为偏差,而是源自医患之间的语言沟通偏差。医患之间的语言沟通涉及病症的语言表达、诊疗信息的传达等方面。语言还是个体实现健康的资源,是传递健康信息的重要渠道,个体获取健康信息、得到健康服务的主要途径就是语言(周德宇,张惟,2021)。

语言与健康的关系问题是多学科、多领域和多方法交叉整合,兼具理论意义和应用意义的问题。探索两者之间的关系可以为人类健康和语言应用服务,还能为语言研究和健康研究提供新的研究视角和思路。

三、语言与经济

语言与经济的问题研究的总体思路是，把语言当成一种普遍的社会存在和行为现象，从经济学的角度探讨收入、资本、就业等经济现象与语言的关系（张卫国，刘国辉，2012）。其具体包含两个方面的问题：一方面是经济形势会对语言政策和行为产生影响，例如，20世纪90年代后，中国的第一外语由俄语变成英语；另一方面是语言会深刻地影响经济发展，例如，当代中国在打赢脱贫攻坚战的过程中，通过加大对贫困地区普通话的推广力度，以提高当地民众的经济收入。

经济会深刻地影响语言。为了追求更好的生活，人类会自发学习有助于他们幸福生活的语言。比如，历史上的某段时期，中国中原地区引领东亚地区经济，中国中原地区周边的民众为了更好地生活，自动地学习中国中原地区的语言，中国中原地区的语言逐渐向周边扩展，成为东亚人民的共同语言。第二次世界大战后，欧洲和美国成为全球经济最发达的地区，全球各地的人民争相将欧洲或美国的语言作为外语加以学习。东欧剧变以后，西欧、美国和日本的经济比较发达，日本语、西欧各国和美国的语言成为不少民众学习的外语。经济落后地区人民也会自发学习经济发达地区的方言，比如，改革开放以后，我国珠江三角洲地区的经济快速发展，全国掀起了一股学习汉语粤方言的热潮。

语言会促进经济发展。从经济学的角度来看，语言能力是一种强大的人力资本，我们在社会生活中很容易发现，外语熟练群体的经济收入往往高于外语不熟练群体的经济收入，普通话能力强的群体的经济收入高于普通话能力差的群体的经济收入。有研究发现，普通话能力会使劳力者的年收入提高1.5万元（雷昊等，2020），普通话能力特别是口语能力，会促进中国少数民族劳动者的收入提高，这种趋势对中等收入的少数民族劳动者的影响更显著，普通话能力对收入的影响力甚至比教育的影响力更大（王兆萍，马小雪，2019）。在我国的国家治理过程中，国家领导人也高度重视语言能力的人力资本性质，甚至提出了"扶贫先扶智，扶智先通语"的说法。在"一带一路"的建设过程中，我国也高度重视汉语的人力资本属性，通过相关汉语能力建设，推动相关国家的经济发展。

总体来说，从语言经济学的角度来看，语言不仅是一种文化现象，还是一种经济现象，具有人力资本属性，其与经济的关系值得重视。在现代化的进程中，存在语言趋同现象，语言的文化属性和经济属性是值得权衡的问题。

参考文献

常松，王瑞明，李利，等.2013. 非熟练双语者言语产生中非目标语言的激活范围. 心理发展与教育，（1）：54-60

常欣，白鹤，王沛.2017. 双语者语言切换代价的影响因素. 心理科学进展，25（9）：1469-1478

常欣，白鹤，王沛.2018. 抑制控制能力及其训练对低熟练汉英双语者语言切换代价的影响. 外语教学与研究，50（4）：569-583，640-641

陈宝国，徐慧卉.2010.工作记忆容量的差异对第二语言句法歧义句加工的影响. 心理学报，42（2）：185-192

陈冬桂，王瑞明，张金桥.2019. 双语认知优势的争议与整合. 第二语言学习研究，（2）：49-61，105

陈广耀，张维，陈庆，等.2014. 类别型状态不确定独立否定句的加工机制：来自眼动实验的证据. 心理学报，46（10）：1426-1441

程凯文，邓颜蕙，颜红梅.2018. 第二语言学习与脑可塑性. 心理科学进展，27（2）：209-220

崔如霞，高志华，唐艺琳，等.2016. 汉语确定性无界否定句模拟加工的时间进程. 心理学报，48（6）：607-616

崔占玲.2011. 少数民族学生三语学习的心理学研究：以藏族学生为例. 广州：暨南大学出版社

崔占玲，张积家.2009. 藏-汉-英三语者词汇与语义表征研究. 心理科学，32（3）：559-562

崔占玲，张积家.2010. 汉-英双语者言语理解中语码切换的机制——来自亚词汇水平的证据. 心理学报，42（2）：173-184

崔占玲，张积家，鲁忠义.2009. 语码切换及代价的研究及进展. 河北师范大学学报（哲学社会科学版），32（4）：102-107

戴炜栋，王宇红.2008. 双语心理词汇研究述评. 外语与外语教学，（2）：16-20

董燕萍.1998. 双语心理词典的共享（分布式）非对称模型. 现代外语，（3）：3-29

高蕾，高晓雷，白学军，等.2018.不同熟练程度藏汉双语者言语理解中的语码切换及其代价. 心理与行为研究，（6）：744-750

高立群，孟凌，刘兆静.2003. 日本留学生心理词典表征结构的实验研究. 当代语言学，（2）：120-132，189

郭培方.1999. 句法习得理论的发展. 心理科学，（1）：33，54-56

郭桃梅.2020. 第二语言学习，越早越好吗. 教育家，（3）：28-29

郭桃梅，彭聃龄.2003. 从语义启动效应看事件相关电位N400的实质. 心理科学，（4）：750，746

郝时远.2018-10-31. 铸牢中华民族共同体意识必须推广国家通用语言文字. 人民日报，（020）

何文广，陈宝国.2011.语言对认知的影响——基于双语认知"优势效应"的分析. 心理科学进展，19（11）：1615-1624

和秀梅，张夏妮，张积家，等.2015. 文化图式影响亲属词语义加工中的空间隐喻——来自汉族人和摩梭人的证据. 心理学报，47（5）：584-599

黄伯荣，廖序东. 2011. 现代汉语（增订五版）. 北京：高等教育出版社

黄敏，唐雪梅，黄邵娟，等. 2019. 二语词义通达模型、影响因素及其交互效应. 四川师范大学学报（社会科学版），(3)：126-132

黄行. 2016. 论中国民族语言认同. 语言战略研究，1（1）：25-32

姜淞秀，李杰，刘兴宇，等. 2015. 不同熟练度双语者非语言任务转换的差异——来自ERP证据. 心理学报，47（6）：746-756

焦鲁，刘文娟，刘月月，等. 2016. 双语经验影响言语产生过程中通达能力的研究综述. 心理科学，(2)：330-335

金小荷. 2018. 论少数民族双语、双文化与教育的关系. 课程教育研究，(2)：38-39

卡尔森. 2016. 生理心理学（第九版）. 苏彦捷，等译. 北京：中国轻工业出版社

雷昊，王善高，姜海. 2020. 语言能力对劳动者收入的影响效应研究——基于外语、普通话和方言的实证分析. 西北人口，41（6）：15-24

李辉，王晶颖. 2016. 汉字加工神经机制的特异性与一般性问题. 当代语言学，18（4）：568-580

李健. 1996. 儿童双语和双文化能力发展的研究. 兰州教育学院学报，(2)：53-57

李杰，何虎，吴柏周，等. 2018. 不同熟练度双语者的颜色范畴知觉效应：来自行为和ERP的证据. 心理学报，50（11）：1259-1268

李杰，侯友，王凤梅，等. 2013. 非熟练蒙英双语者概念表征的非对称性特点. 心理科学，36（2）：350-355

李娟，罗跃嘉，江新，等. 2001. 汉字、拼音和英文词语义加工的事件相关电位研究//中国心理学会. 第九届全国心理学学术会议文摘选集. 北京：中国心理学会

李利，郭红婷，华乐萌，等. 2012. 汉语为二语学习者言语产生中的跨语言干扰. 心理学报，44（11）：1434-1442

李利，莫雷，陈卓铭，等. 2007. 前额叶在双语词汇通达中的抑制作用——对一例前额叶损伤双语病人的研究. 心理科学，30（6）：1282-1286

李利，莫雷，王瑞明，等. 2006. 非熟练中-英双语者跨语言长时重复启动效应. 心理学报，(5)：672-680

李霓霓，王瑞明，王穗苹，等. 2012. 语言理解转换中非目标语言影响目标语言的时间进程. 心理科学，35（1）：148-152

李宇明. 2016. 关注语言生活. 语言战略研究，1（1）：1

林焘. 1998-10-22. 从雅言到普通话：中华民族共同语渊源. 人民日报，(011)

刘欢欢，陈宝国. 2015. 语言转换的认知及其神经机制. 心理科学，(1)：98-103

刘欢欢，范宁，沈翔鹰，等. 2013. 认知灵活性对非熟练双语者语言转换的影响——一项ERPs研究. 心理学报，(6)：636-648

刘强，陈安涛，王琪，等. 2008. 知觉加工中存在颜色类别知觉效应的证据. 心理学报，40（1）：8-13

刘文理，周一骑，乐国安. 2011. 从脑机制角度看言语知觉的理论争论. 心理科学进展，19（10）：1442-1452

吕欢，王瑞明，谢丽丽，等. 2012. 词汇任务下中英双语者非目标语言的激活层面. 心理研究，

5（6）：27-34

吕叔湘. 1982. 中国文法要略. 北京：商务印书馆

马恒芬，白婧婷，申彤，等. 2019. 基于神经影像学技术的双语语码切换研究新进展. 南方医科大学学报，（10）：1260-1264

马恒芬，何立媛. 2014. 语言理解中的语码切换研究. 天津大学学报（社会科学版），（5）：462-467

迈克尔·S. 加扎尼加. 1998. 认知神经科学. 沈政，等译. 上海：上海教育出版社

梅磊磊，屈婧，李会玲. 2017. 第二语言学习的认知神经机制. 华南师范大学学报（社会科学版），（6）：63-73，190

莫雷，李利，王瑞明. 2005. 熟练中-英双语者跨语言长时重复启动效应. 心理科学，28（6）：1288-1293

彭聃龄. 2006. 汉语认知研究——从认知科学到认知神经科学. 北京：北京师范大学出版社

彭聃龄. 2012. 普通心理学（第4版）. 北京：北京师范大学出版社

皮亚杰. 1980. 儿童的语言与思维. 傅统先，译. 北京：文化教育出版社

任桂琴，韩玉昌，刘颖. 2012. 句子语境中汉语词汇识别的即时加工过程. 心理科学进展，20（4）：493-503

萨丕尔. 1985. 语言论. 陆卓元，译. 北京：商务印书馆

申小龙. 1991. 语言之于人类思维的本体论意义. 学术交流，（1）：124-144

沈阳. 2005. 语言学常识十五讲. 北京：北京大学出版社

索绪尔. 2017. 普通语言学教程. 高名凯，译. 北京：商务印书馆

王成，尤文平，张清芳. 2012. 书写产生过程的认知机制. 心理科学进展，20（10）：1560-1572

王翠翔，彭聃龄. 1989. 中-英双语读者词汇表征的研究（二）. 心理学报，（1）：61-67

王立非，王铭玉，沈骑，等. 2020. "应急语言问题"多人谈. 语言战略研究，5（3）：5

王瑞明，范梦. 2010. 双语者语言转换中非目标语言的加工机制. 心理科学进展，18（9）：1386-1393

王瑞明，邓汉深，李俊杰，等. 2011. 中-英双语者语言理解中非加工语言的自动激活. 心理学报，43（7）：771-783

王瑞明，莫雷，吴俊，等. 2007. 文本阅读中背景信息的加工过程：激活与整合. 心理学报，（4）：589-601

王瑞明，杨静，李利. 2015. 第二语言学习. 上海：华东师范大学出版社

王亚鹏，董奇. 2007. 脑的可塑性研究：现状与进展. 北京师范大学学报（社会科学版），（3）：39-45

王玉珏，高晓慧，陈希楠，等. 2017. 自闭症谱系障碍儿童视听双通道言语知觉特征. 中国特殊教育，（12）：19-24

王兆萍，马小雪. 2019. 中国少数民族劳动力普通话能力的语言收入效应. 西北人口，40（1）：71-82

维果茨基. 2010. 思维与语言. 李维，译. 北京：北京大学出版社

魏晓言，陈宝国. 2011. 语言对知觉的影响——来自颜色范畴知觉研究的证据. 心理科学进展，

19（1）：35-41

沃尔夫.2012. 论语言、思维和现实：沃尔夫文集. 高一虹，等译. 北京：商务印书馆

吴柏周，李杰，何虎，等.2019. 色觉疲劳、语义饱和对颜色范畴知觉的即时影响. 心理学报，51（2）：196-206

吴俊杰，刘欢欢，芦迪，等.2018. 语言控制和一般领域认知控制的脑机制的重合和分离. 中国科学：生命科学（3）：332-340

吴潜龙.2000. 关于第二语言习得过程的认知心理分析. 外语教学与研究，（4）：290-295

闫国利，熊建萍，臧传丽，等.2013. 阅读研究中的主要眼动指标评述. 心理科学进展，21（4）：589-605

阎国利，白学军.2000. 中文阅读过程的眼动研究. 心理学动态，8（3）：19-22

杨盛春.2012. 知识表征研究述评. 科技情报开发与经济，22（19）：45-147

袁毓林.2000. 论否定句的焦点、预设和辖域歧义. 中国语文，（2）：99-108，189

杨永林.2004. 唯理论与规约论之争——语言与思维关系研究. 外语教学，25（2）：14-17

杨玉芳.1997. 言语知觉研究. 应用声学，16（3）：1-5

杨玉芳.2015. 心理语言学. 北京：科学出版社

张积家，方燕红，谢书书.2012. 颜色词与颜色认知的关系：相互作用理论及其证据. 心理科学进展，20（7）：949-962

张阔，王敬欣.2005. 汉-英并列双语者图片命名的重复启动效应. 心理与行为研究，（1）：30-34

张清芳，杨玉芳.2003a. 言语产生中的词汇通达理论. 心理科学进展，11（1）：6-11

张清芳，杨玉芳.2003b. 影响图画命名时间的因素. 心理学报，35（4）：447-454

张清芳，杨玉芳.2004. 汉语词汇产生中语义、字形和音韵激活的时间进程. 心理学报，（1）：1-8

张卫国，刘国辉.2012. 中国语言经济学研究述略. 语言教学与研究，（6）：102-109

张奚若.1955. 大力推广以北京语音为标准音的普通话. 江苏教育，（24）：7-9

张仙峰，叶文玲.2006. 当前阅读研究中眼动指标述评. 心理与行为研究，4（3）：236-240

张晓东.2003. 分层网络模型与激活扩散模型对英语词汇教学的启示. 北京第二外国语学院学报，（6）：36-42

张秀平，杨晓虹，杨玉芳.2015. 语篇理解中语义整合的神经机制及其影响因素. 心理科学进展，23（7）：1130-1141

张学新.2012. 拼义符号：中文特有的概念表达方式. 科学中国人，（23）：34-37

赵黎明，段素梅，乔佳丽.2020.言语产生中音韵编码的计划广度：来自图词干扰范式的证据. 心理科学，43（2）：265-271

照日格图.2007. 内蒙古蒙古语使用现状调查. 满语研究，（2）：70-73

钟伟芳，李悠，徐贵平，等.2014. 短期习得的语言范畴使成人大脑右半球颜色范畴知觉转为左半球颜色范畴知觉. 心理学报，46（4）：450-458

周德宇，张惟.2021. 语言与健康的关系：标记、媒介与资源. 语言战略研究，（6）：13-22

周海明.2020. 系统功能语言学视角下的语言社会化研究. 西安外国语大学学报，28（4）：34-38

邹丽娟，丁国盛.2014. 双语者言语产生中词汇通达机制的理论观点及分歧. 北京师范大学学报（自然科学版），（4）：435-440

Abutalebi J, Green D W. 2008. Control mechanisms in bilingual language production: Neural evidence from language switching studies. Language and Cognitive Processes, 23 (4): 557-582

Abutalebi J, Annoni J M, Zimine I, et al. 2008. Language control and lexical competition in bilinguals: An event-related fMRI study. Cerebral Cortex, 18 (7): 1496-1505

Abutalebi J, Canini M, Della Rosa P A, et al. 2014. Bilingualism protects anterior temporal lobe integrity in aging. Neurobiology of Aging, 35 (9): 2126-2133

Abutalebi J, Canini M, Della Rosa P A, et al. 2015. The neuroprotective effects of bilingualism upon the inferior parietal lobule: A structural neuroimaging study in aging Chinese bilinguals. Journal of Neurolinguistics, 33: 3-13

Abutalebi J, Della Rosa P A, Green D W, et al. 2012. Bilingualism tunes the anterior cingulate cortex for conflict monitoring. Cerebral Cortex, 22 (9): 2076-2086

Aglioti S, Beltramello A, Girardi F, et al. 1996. Neurolinguistic and follow-up study of an unusual pattern of recovery from bilingual subcortical aphasia. Brain, 119 (5): 1551-1564

Alexander-Bloch A F, Vértes P E, Stidd R, et al. 2013. The anatomical distance of functional connections predicts brain network topology in health and schizophrenia. Cerebral Cortex, 23 (1): 127-138

Alladi S, Bak T H, Duggirala et al. 2013. Bilingualism delays age at onset of dementia, independent of education and immigration status. Neurology, 82 (21): 1938-1944

Alvarez R, Holcomb P, Grainger J. 2003. Accessing word meaning in two languages: An event-related brain potential study of beginning bilinguals. Brain and Language, 87 (2): 290-304

Alvez P B G. 2011. Inference of a human brain fiber bundle atlas from high angular resolution diffusion imaging. Paris: Université Paris-Sud

Anderson J, Chung-Fat-Yim A, Buddhika B, et al. 2018. Language and cognitive control networks in bilinguals and monolinguals. Neuropsychologia, 117: 352-363

Anderson J, Hawrylewicz K, Grundy J. 2020. Does bilingualism protect against dementia? A meta-analysis. Psychonomic Bulletin and Review, 27 (5): 952-965

Antón E, García Y F, Carreiras M, et al. 2016. Does bilingualism shape inhibitory control in the elderly? Journal of Memory and Language, 90: 147-160

Athanasopoulos P. 2008. Cognitive representation of colour in bilinguals: The case of Greek blues. Bilingualism: Language and Cognition, 12 (1): 83-95

Athanasopoulos P, Bylund E. 2013. Does grammatical aspect affect motion event cognition? A cross-linguistic comparison of English and Swedish speakers. Cognitive Science, 37 (2): 286-309

Athanasopoulos P, Damjanovic L, Krajciova A, et al. 2011. Representation of colour concepts in bilingual cognition: The case of Japanese blues. Bilingualism: Language and Cognition, 14 (1): 9-17

Athanasopoulos P, Dering B, Wiggett A, et al. 2010. Perceptual shift in bilingualism: Brain potentials reveal plasticity in pre-attentive colour perception. Cognition, 116 (3): 437-443

Ayneto A, Sebastian-Galles N. 2017. The influence of bilingualism on the preference for the mouth region of dynamic faces. Developmental Science, 20 (1): 1-11

Bachman L F, Palmer A S. 2010. Language Assessment in Practice. Oxford: Oxford University Press

Baddeley A D. 1986. Working Memory. New York: Oxford University Press

Bak T H, Nissan J J, Allerhand M M, et al. 2014. Does bilingualism influence cognitive aging? Annals of Neurology, 75 (6): 959-963

Baker C. 2001. Foundations of Bilingual Education and Bilingualism (3rd ed.). Clevedon: Multilingual Matters Ltd.

Bakker M, van Dijk A, & Wicherts J M. 2012. The rules of the game called psychological science. Perspectives on Psychological Science, 7 (6): 543-554

Barac R, Bialystok E, Castro D C, et al. 2014. The cognitive development of young dual language learners: A critical review. Early Childhood Research Quarterly, 29: 699-714

Bellander M, Berggren R, Mårtensson J, et al. 2016. Behavioral correlates of changes in hippocampal gray matter structure during acquisition of foreign vocabulary. NeuroImage, 131: 205-213

Berken J A, Gracco V L, Chen J, et al. 2015. Neural activation in speech production and reading aloud in native and non-native languages. NeuroImage, 112: 208-217

Berlin B, Kay P. 1969. Basic Colour Terms: Their Universality and Evolution. California: University of California Press

Bialystok E. 2017. The bilingual adaptation: How minds accommodate experience. Psychological Bulletin, 143 (3): 233-262

Bialystok E, Depape A M. 2009. Musical expertise, bilingualism, and executive functioning. Journal of Experimental Psychology: Human Perception and Performance, 35 (2): 565-574

Bialystok E, Viswanathan M. 2009. Components of executive control with advantages for bilingual children in two cultures. Cognition, 112 (3): 494-500

Bialystok E, Craik F, Luk G. 2008. Cognitive control and lexical access in younger and older bilinguals. Journal of Experimental Psychology: Learning, Memory, and Cognition, 34 (4): 859-873

Bialystok E, Craik F, Luk G. 2012. Bilingualism: Consequences for mind and brain. Trends in Cognitive Sciences, 16 (4): 240-250

Bialystok E, Craik F, Ryan J. 2006. Executive control in a modified antisaccade task: Effects of aging and bilingualism. Journal of Experimental Psychology: Learning, Memory, and Cognition, 32 (6): 1341-1354

Bialystok E, Majumder S, Martin M M. 2003. Developing phonological awareness: Is there a bilingual advantage? Applied Psycholinguistics, 24 (1): 27-44

Bialystok E, Barac R, Blaye A, et al. 2010. Word mapping and executive functioning in young monolingual and bilingual children. Journal of Cognition and Development, 11: 485-508

Bialystok E, Craik F, Klein R, et al. 2004. Bilingualism, aging, and cognitive control: Evidence from the Simon task. Psychology and Aging, 19 (2): 290-303

Bialystok E, Kroll J F, Green D W, et al. 2015. Publication bias and the validity of evidence: What's the connection? Psychological Science, 26 (6): 944-946

Bialystok E, Poarch G, Luo L, et al. 2014. Effects of bilingualism and aging on executive function and working memory. Psychology and Aging, 29（3）: 696-705

Bieber M L, Kraft J M, Werner J S. 1998. Effects of known variations in photopigments on L/M cone ratios estimated from luminous efficiency functions. Vision Research, 38（13）: 1961-1966

Blanco-Elorrieta E, Pylkkanen L. 2016. Bilingual language control in perception versus action: MEG reveals comprehension control mechanisms in anterior cingulate cortex and domain-general control of production in dorsolateral prefrontal cortex. The Journal of Neuroscience, 36（2）: 290-301

Blanco-Elorrieta E, Pylkkanen L. 2017. Bilingual language switching in the laboratory versus in the wild: The spatiotemporal dynamics of adaptive language control. The Journal of Neuroscience, 37（37）: 9022-9036

Bloem I, La Heij W. 2003. Semantic facilitation and semantic interference in word translation: Implications for models of lexical access in language production. Journal of Memory and Language, 48: 468-488

Blom E, Küntay A C, Messer M, et al. 2014. The benefits of being bilingual: Working memory in bilingual Turkish-Dutch children. Journal of Experiment Child Psychology, 128: 105-119

Bloomfield L. 1935. Linguistic aspects of science. Philosophy of Science, 2（4）: 499-517

Blumenfeld H K, Marian V. 2011. Bilingualism influences inhibitory control in auditory comprehension. Cognition, 118（2）: 245-257

Blumenfeld H K, Marian V. 2014. Cognitive control in bilinguals: Advantages in stimulus-stimulus inhibition. Bilingualism: Language and Cognition, 17（3）: 610-629

Boroditsky, L. 2001. Does language shape thought? Mandarin and English speakers' conceptions of time. Cognitive Psychology, 43（1）: 1-22

Bosch L, Sebastian-Galles N. 2001. Evidence of early language discrimination abilities in infants from bilingual environments. Infancy, 2（1）: 29-49

Branzi F M, Della Rosa P A, Canini M, et al. 2016. Language control in bilinguals: Monitoring and response selection. Cerebral cortex, 26（6）: 2367-2380

Braver T S. 2012. The variable nature of cognitive control: A dual mechanisms framework. Trends in Cognitive Sciences, 16（2）: 106-113

Bressler S L, Menon V. 2010. Large-scale brain networks in cognition: Emerging methods and principles. Trends in Cognitive Sciences, 14（6）: 277-290

Brito N, Barr R. 2012. Influence of bilingualism on memory generalization during infancy. Developmental Science, 15（6）: 812-816

Brito N, Barr R. 2014. Flexible memory retrieval in bilingual 6-month-old infants. Developmental Psychobiology, 56（5）: 1156-1163

Brito N, Grenell A, Barr R. 2014. Specificity of the bilingual advantage for memory: Examining cued recall, generalization, and working memory in monolingual, bilingual, and trilingual toddlers. Frontiers in Psychology, 5: 1369

Brito N, Sebastian-Galles N, Barr R. 2015. Differences in language exposure and its effects on memory flexibility in monolingual, bilingual, and trilingual infants. Bilingualism: Language and Cognition, 18 (4): 670-682

Bullmore E, Sporns O. 2009. Complex brain networks: Graph theoretical analysis of structural and functional systems. Nature Reviews Neuroscience, 10 (3): 186-198

Cabeza R, Albert M, Belleville S, et al. 2018. Maintenance, reserve and compensation: The cognitive neuroscience of healthy ageing. Nature reviews Neuroscience, 19 (11): 701-710

Caramazza A. 1997. How many levels of processing are there in lexical access? Cognitive Neuropsychology, 14: 177-208

Caramazza A, Miozzo M. 1997. The relation between syntactic and phonological knowledge in lexical access: Evidence from the "tip-of-the-tongue" phenomenon. Cognition, 64 (3): 309-343

Caramazza A, Capasso R, Capitani E, et al. 2005. Patterns of comprehension performance in agrammatic Broca's aphasia: A test of the trace deletion hypothesis. Brain and Language, 94 (1): 43-53

Caramazza A, Costa A, Miozzo M, et al. 2001. The specific-word frequency effect: Implications for the representation of homophones in speech production. Journal of Experimental Psychology: Learning, Memory, and Cognition, 27 (6): 1430-1450

Catani M, Jones D K, Ffytche D H. 2005. Perisylvian language networks of the human brain. Annals of Neurology, 57: 8-16

Catani M, Allin M P G, Husain M, et al. 2007. Symmetries in human brain language pathways correlate with verbal recall. Proceedings of the National Academy of Sciences of the United States of America, 104: 17163-17168

Catani M, Dell'Acqua F, Vergani F, et al. 2012. Short frontal lobe connections of the human brain. Cortex, 48: 273-291

Catani M, Jones D K, Donato R, et al. 2003. Occipito-temporal connections in the human brain. Brain, 126: 2093-2107

Catani M, Mesulam M M, Jakobsen E, et al. 2013. A novel frontal pathway underlies verbal fluency in primary progressive aphasia. Brain, 136: 2619-2628

Chauncey K, Grainger J, Holcomb P J. 2007. Code-switching effects in bilingual word recognition: A masked priming study with eventrelated potentials. Brain and Language, 105 (3): 161-174

Chee M W, Tan E W, Thiel T. 1999. Mandarin and English single word processing studied with functional magnetic resonance imaging. The Journal of Neuroscience, 19 (8): 3050-3056

Chen Y, Fu S, Iversen S D. 2002. Testing for dual brain processing routes in reading: A direct contrast of Chinese character and pinyin reading using fMRI. Journal of Cognitive Neuroscience, 14 (7): 1088-1098

Chen H C, Leung Y S. 1989. Patterns of lexical processing in a nonnative language. Journal of Experimental Psychology: Learning, Memory, and Cognition, 15 (2): 316-325

Cheng K, Deng Y, Li M, et al. 2015. The impact of L2 learning on cognitive aging. ADMET and

DMPK, 3 (3): 260-273

Chertkow H, Whitehead V, Phillips N, et al. 2010. Multilingualism (but not always bilingualism) delays the onset of Alzheimer disease: Evidence from a bilingual community. Alzheimer Disease & Associated Disorders, 24 (2): 118-125

Chomsky N. 1959. On certain formal properties of grammars. Information and Control, 2 (2): 137-167

Chung-Fat-Yim A, Sorge Geoff B, Bialystok E, et al. 2017. The relationship between bilingualism and selective attention in young adults: Evidence from an ambiguous figures task. Quarterly Journal of Experimental Psychology, 70 (3): 366-372

Coderre E L, van Heuven W J. 2014. The effect of script similarity on executive control in bilinguals. Frontiers in Psychology, 5: 1070-1081

Cohen J D, Dunbar, K, McClelland J L. 1990. On the control of automatic processes: A parallel distributed processing account of the Stroop effect. Psychological Review, 97 (3): 332-361

Collins A M, Loftus E F. 1975. A spreading-activation theory of semantic processing. Psychological Review, 82 (6): 407-428

Collins A M, Quillian M R. 1970. Facilitating retrieval from semantic memory: The effect of repeating part of an inference. Acta Psychologica, 33 (368): 304-314

Collins A M, Quillian M R. 1995. Retrieval time from semantic memory. Journal of Verbal Learning and Verbal Behavior, 8 (2): 240-247

Coltheart M, Curtis B, Atkins P, et al. 1993. Models of reading aloud: Dual-route and parallel-distributed-processing approaches. Psychological Review, 100 (4): 589-608

Conboy B T, Sommerville J A, Kuhl P K. 2008. Cognitive control factors in speech perception at 11 months. Developmental Psychology, 44 (5): 1505-1512

Costa A, Santesteban M. 2004. Lexical access in bilingual speech production: Evidence from language switching in highly proficient bilinguals and L2 learners. Journal of Memory and Language, 50 (4): 491-511

Costa A, Alario F X, Caramazza A. 2005. On the categorical nature of the semantic interference effect in the picture-word interference paradigm. Psychonomic Bulletin & Review, 12 (1): 125-131

Costa A, Hernández M, Sebastián-Gallés N. 2008. Bilingualism aids conflict resolution: Evidence from the ANT task. Cognition, 106 (1): 59-86

Costa A, Miozzo M, Caramazza A. 1999. Lexical selection in bilinguals: Do words in the bilingual's two lexicons compete for selection? Journal of Memory and Language, 41 (3): 365-397

Costa A, Santesteban M, Ivanova I. 2006. How do highly proficient bilinguals control their lexicalization process? Inhibitory and language-specific selection mechanisms are both functional. Journal of Experimental Psychology: Learning, Memory, and Cognition, 32 (5): 1057-1074

Cox S R, Bak T H, Allerhand M, et al. 2016. Bilingualism, social cognition and executive functions: A tale of chickens and eggs. Neuropsychologia, 91: 299-306

Craik F I, Bialystok E, Freedman M. 2010. Delaying the onset of Alzheimer disease: Bilingualism as a form of cognitive reserve. Neurology, 75 (19): 1726-1729

Crivello C, Kuzyk O, Rodrigues M, et al. 2016. The effects of bilingual growth on toddlers' executive function. Journal of Experimental Child Psychology, 141: 121-132

Cummins J. 1979. Linguistic interdependence and the educational development of bilingual children. Review of Educational Research, 49: 222-251

Cummine J, Boliek C A. 2013. Understanding white matter integrity stability for bilinguals on language status and reading performance. Brain Structure and Function, 218 (2): 595-601

Dalrymple-Alford E C. 1972. Associative facilitation and interference in the stroop color-word task. Attention Perception & Psychophysics, 11 (4): 274-276

Dalrymple-Alford E C. 1985. Language switching during bilingual reading. British Journal of Psychology, 76 (1): 111-123

Davies I R, Corbett G G. 1997. A cross-cultural study of colour grouping: Evidence for weak linguistic relativity. British Journal of Psychology, 88 (3): 493-517

de Bleser R, Dupont P, Postler J, et al. 2003. The organisation of the bilingual lexicon: A PET study. Journal of Neurolinguistics, 16: 439-457

de Bruin A, Treccani B, Della Sala S. 2015. Cognitive advantage in bilingualism: An example of publication bias? Psychological Science, 26 (1): 99-107

de Groot A M. 1992. Determinants of word translation. Journal of Experimental Psychology: Learning, Memory, and Cognition, 18 (5): 1001-1018

de Groot A M, Hoeks J C J. 1995. The development of bilingual memory: Evidence from word translation by trilinguals. Language Learning, 45 (4): 683-724

de Groot A M, Dannenburg L, Vanhell J G. 1994. Forward and backward word translation by bilinguals. Journal of Memory and Language, 33 (5): 600-629

Declerck M, Philipp A M. 2015. A sentence to remember: Instructed language switching in sentence production. Cognition, 137: 166-173

Declerck M, Philipp A M, Koch I. 2013. Bilingual control: Sequential memory in language swit ching. Journal of Experiment Psychology: Learning, Memory, and Cognition, 39 (6): 1793-1806

Declerck M, Stephan D N, Koch I, et al. 2015. The other modality: Auditory stimuli in language switching. Journal of Cognitive Psychology, 27: 685-691

DeKeyser R M. 2013. Age effects in second language learning: Stepping stones toward better understanding. Language Learning, 63 (S1): 52-67

Dell G S. 1986. A spreading-activation theory of retrieval in sentence production. Psychological Review, 93 (3): 283-321

Dell G S, Schwartz M F, Martin N, et al. 1997. Lexical access in aphasic and nonaphasic speakers. Psychological Review, 104 (4): 801-838

Della Rosa P A, Videsott G, Borsa V M, et al. 2013. A neural interactive location for multilingual talent. Cortex, 49 (2): 605-608

Desideri L, Bonifacci P. 2018. Verbal and nonverbal anticipatory mechanisms in bilinguals. Journal of Psycholinguistic Research, 47 (3): 719-739

Diehl R L, Lotto A J, Holt L L. 2004. Speech perception. Annual Review of Psychology, 55 (1): 149-179

Donnelly S, Brooks P J, Homer B D. 2019. Is there a bilingual advantage on interference-control tasks? A multiverse meta-analysis of global reaction time and interference cost. Psychonomic Bulletin & Review, 26 (4): 1122-1147

Draganski B, Gaser C, Busch V, et al. 2004. Neuroplasticity: Changes in grey matter induced by training. Nature, 427: 311-312

Dubois J, Benders M, Lazeyras F, et al. 2010. Structural asymmetries of perisylvian regions in the preterm newborn. NeuroImage, 52: 32-42

Dunabeitia J A, Hernandez J A, Anton E, et al. 2014. The inhibitory advantage in bilingual children revisited: Myth or reality? Experimental Psychology, 61 (3): 234-251

Dyer F N. 1973. The Stroop phenomenon and its use in the study of perceptual, cognitive, and response processes. Memory and Cognition, 1: 106-120

Elman J L. 1992. Distributed representations, simple recurrent networks, and grammatical structure. Machine Learning, 7: 195-225

Elmer S, Hänggi J, Jäncke L. 2014. Processing demands upon cognitive, linguistic, and articulatory functions promote grey matter plasticity in the adult multilingual brain: Insights from simultaneous interpreters. Cortex, 54: 179-189

Eluvathingal T J, Hasan K M, Kramer L, et al. 2007. Quantitative diffusion tensor tractography of association and projection fibers in normally developing children and adolescents. Cereb Cortex, 17: 2760-2768

Emmorey K, Luk G, Pyers J E, et al. 2008. The source of enhanced cognitive control in bilinguals: Evidence from bimodal bilinguals. Psychological Science, 19 (12): 1201-1206

Engeld de Abreu P M J, Cruz-Santos A, Tourinho C J, et al. 2013. Bilingualism enriches the poor: Enhanced cognitive control in low-income minority children. Psychological Science, 23 (11): 1364-1371

Engle R W. 2002. Working memory capacity as executive attention. Current Directions in Psychological Science, 11: 19-23

Eriksen B A, Eriksen C W. 1974. Effects of noise letters upon the identification of a target letter in a nonsearch task. Perception & Psychophysics, 16 (1): 143-149

Estes Z, Jones L L. 2009. Integrative priming occurs rapidly and uncontrollably during lexical processing. Journal of Experimental Psychology: General, 138 (1): 112-130

Eubank L. 1992. Verb Movement, Agreement, and Tense in L2 Acquisition. Berlin: Springer

Fabbro F. 2001. The bilingual brain: Cerebral representation of languages. Brain and Language, 79 (2): 211-222

Fan J, McCandliss B D, Sommer T, et al. 2002. Testing the efficiency and independence of attentional networks. Journal of Cognitive Neuroscience, 14 (3): 340-347

Fedorenko E, Thompson-Schill S L. 2014. Reworking the language network. Trends In Cognitive Sciences, 18 (3): 120-127

Feng G, Chen Q, Zhu Z, et al. 2016. Separate brain circuits support integrative and semantic priming in the human language system. Cerebral Cortex, 26 (7): 3169-3182

Fernald A, Morikawa H. 1993. Common themes and cultural variations in Japanese and American mothers' speech to infants. Child Development, 64 (3): 637-656

Ferstl E C, Neumann J, Bogler C, et al. 2008. The extended language network: A meta-analysis of neuroimaging studies on text comprehension. Human Brain Mapping, 29 (5): 581-593

Finkbeiner M, Caramazza A. 2006. Now you see it, now you don't: On turning semantic interference into facilitation in a Stroop-like task. Cortex, 42 (6): 790-796

Finkbeiner M, Almeida J, Janssen N, et al. 2006. Lexical selection in bilingual speech production does not involve language suppression. Journal of Experimental Psychology: Learning, Memory, and Cognition, 32 (5): 1075-1089

Fodor J A. 1983. The Modularity of Mind: An Essay on Faculty Psychology. Cambridge: MIT Press

Forkel S J, Thiebaut de Schotten M, Kawadler J M, et al. 2014. The anatomy of fronto-occipital connections from early blunt dissections to contemporary tractography. Cortex, 56: 73-84

Fowler C A. 1986. An event approach to the study of speech perception from a direct-realist perspective. Journal of Phonetics, 14 (1): 3-28

Francis G. 2012. Too good to be true: Publication bias in two prominent studies from experimental psychology. Psychonomic Bulletin & Review, 19 (2): 151-156

Franklin A, Drivonikou G V, Bevis L, et al. 2008a. Categorical perception of color is lateralized to the right hemisphere in infants, but to the left hemisphere in adults. Proceedings of the National Academy of Sciences of the United States of America, 105 (9): 3221-3225

Franklin A, Drivonikou G V, Clifford A, et al. 2008b. Lateralization of categorical perception of color changes with color term acquisition. Proceedings of the National Academy of Sciences of the United States of America, 105 (47): 18221-18225

Friederici A D, Rüschemeyer S A, Hahne A, et al. 2003. The role of left inferior frontal and superior temporal cortex in sentence comprehension: Localizing syntactic and semantic processes. Cerebral Cortex, 13 (2): 170-177

Friston K J. 2011. Functional and effective connectivity: A review. Brain Connectivity, 1: 13-36

Galantucci B, Fowler C A, Turvey M T. 2006. The motor theory of speech perception reviewed. Psychonomic Bulletin & Review, 13 (3): 361-377

Galen G V. 1991. Handwriting: Issues for a psychomotor theory. Human Movement Science, 10 (2-3): 165-191

Garbin G, Sanjuan A, Forn C, et al. 2010. Bridging language and attention: Brain basis of the impact of bilingualism on cognitive control. NeuroImage, 53 (4): 1272-1278

García-Pentón L, García Y F, Costello B, et al. 2016. The neuroanatomy of bilingualism: How to turn a hazy view into the full picture. Language, Cognition and Neuroscience, 31: 303-327

Gathercole V C M, Thomas E M, Kennedy I, et al. 2014. Does language dominance affect cognitive performance in bilinguals? Lifespan evidence from preschoolers through older adults on card sorting, Simon, and metalinguistic tasks. Frontiers in Psychology, 5: 11

Gilbert A L, Regier T, Kay P, et al. 2006. Whorf hypothesis is supported in the right visual field but not the left. Proceedings of the National Academy of Sciences of the United States of America, 103 (2): 489-494

Glaser W R, Düngelhoff F J. 1984. The time course of picture-word interference. Journal of Experimental Psychology: Human Perception and Performance, 10: 640-654

Glasser M F, Rilling J K. 2008. DTI tractography of the human brain's language pathways. Cereb Cortex, 18 (11): 2471-2482

Glezer L S, Jiang X, Riesenhuber M. 2009. Evidence for highly selective neuronal tuning to whole words in the "Visual Word Form Area". Neuron, 62 (2): 199-204

Golestani N, Zatorre R J. 2004. Learning new sounds of speech: Reallocation of neural substrates. NeuroImage, 21 (2): 494-506

Gollan T H. 1998. Conscious and unconscious access to grammatical gender in Hebrew. Tucson: The University of Arizona

Gollan T H, Brown A S. 2006. From tip-of-the-tongue data to theoretical implications in two steps: When more tots means better retrieval. Journal of Experimental Psychology: General, 135: 462-483

Gollan T H, Montoya R I, Werner G A. 2002. Semantic and letter fluency in Spanish English bilinguals. Neuropsychology, 16: 562-576

Gomez-Tortosa E, Martin E M, Gaviria M, et al. 1995. Selective deficit of one language in a bilingual patient following surgery in the left perisylvian area. Brain and Language, 48 (3): 320-325

Goto S G, Ando Y, Huang C, et al. 2010. Cultural differences in the visual processing of meaning: Detecting incongruities between background and foreground objects using the N400. Social Cognitive and Affective Neuroscience, 5 (2-3): 242-253

Grady C L, Luk G, Craik F I, et al. 2015. Brain network activity in monolingual and bilingual older adults. Neuropsychologia, 66: 170-181

Grainger J, Ferrand L. 1994. Phonology and orthography in visual word recognition: Effects of masked homophone primes. Journal of Memory and Language, 33 (2): 218-233

Grant A M, Fang S Y, Li P. 2015. Second language lexical development and cognitive control: A longitudinal fMRI study. Brain and Language, 144: 35-47

Green D W. 1998. Mental control of the bilingual lexico-semantic system. Bilingualism: Language and Cognition, 1 (2): 67-81

Green D W, Abutalebi J. 2013. Language control in bilinguals: The adaptive control hypothesis. Journal of Cognitive Psychology, 25 (5): 515-530

Griffin Z M, Bock K. 1998. Constraint, word frequency, and the relationship between lexical processing levels in spoken word production. Journal of Memory and Language, 38 (3): 313-338

Grogan A, Jones 'Ō P, Ali N, et al. 2012. Structural correlates for lexical efficiency and number of languages in non-native speakers of English. Neuropsychologia, 50 (7): 1347-1352

Grosjean F. 1992. Another view of bilingualism. Advances in Psychology, 83: 51-62

Grosjean F. 2010. Bilingual: Life and Reality. Cambridge: Harvard University Press

Guo T, Peng D. 2006. Event-related potential evidence for parallel activation of two languages in bilingual speech production. NeuroReport, 17 (17): 1757-1760

Hagoort P. 2005. On Broca, brain, and binding: A new framework. Trends in Cognitive Sciences, 9 (9): 416-423

Hagoort P, Indefrey P. 2014. The neurobiology of language beyond single words. Annual Review of Neuroscience, 37: 347-362

Halldorsdottir T, Binder E B. 2017. Gene x environment interactions: From molecular mechanisms to behavior. Annual Review of Psychology, 68: 215-241

Halliday M A K. 2007. The Language of Early Childhood. Beijing: Peking University Press

Halliday M A K, Hasan R. 2013. Cohesion in English. London: Routledge, 18-27

Han S, Northoff G, Vogeley K, et al. 2013. A cultural neuroscience approach to the biosocial nature of the human brain. Annual Review of Psychology, 64: 335-359

Haugen E. 1956. The phoneme in bilingual description. Language Learning, 7: 17-23

He H, Li J, Zhang Y, et al. 2016. Language affects perception: Evidence from mongolian. Paper Presented at the The 16th International Conference on the Processing of East Asian Languages, Guangzhou, China

Hernandez A E, Hofmann J, Kotz S A. 2007. Age of acquisition modulates neural activity for both regular and irregular syntactic functions. NeuroImage, 36 (3): 912-923

Hernandez A E, Martinez A, Kohnert K. 2000. In search of the language switch: An fMRI study of picture naming in Spanish-English bilinguals. Brain and Language, 73 (3): 421-431

Hickok G, Poeppel D. 2007. The cortical organization of speech processing. Nature Reviews Neuroscience, 8 (5): 393-402

Hickok G, Holt L L, Lotto A J. 2009. Response to Wilson: What does motor cortex contribute to speech perception? Trends in Cognitive Sciences, 13 (8): 330-331

Hilchey M D, Klein R M. 2011. Are there bilingual advantages on nonlinguistic interference tasks? Implications for the plasticity of executive control processes. Psychonomic Bulletin & Review, 18 (4): 625-658

Hoff E, Naigles L. 2002. How children use input to acquire a lexicon. Child Development, 73 (2): 418-433

Holcomb P J, Grainger J. 2006. The time-course of masked repetition priming: An event-related brain potential investigation. Journal of Cognitive Neuroscience, 18: 1631-1643

Hoshino N, Kroll J F. 2008. Cognate effects in picture naming: Does cross-language activation survive a change of script? Cognition, 106 (1): 501-511

Hosoda C, Hanakawa T, Nariai T, et al. 2012. Neural mechanisms of language switch. Journal of Neurolinguistics, 25 (1): 44-61

Hosoda C, Tanaka K, Nariai T, et al. 2013. Dynamic neural network reorganization associated with second language vocabulary acquisition: A multimodal imaging study. The Journal of Neuroscience, 33 (34): 13663-13672

Hu Z, Hanley J R, Zhang R, et al. 2014. A conflict-based model of color categorical perception: Evidence from a priming study. Psychonomic Bulletin & Review, 21 (5): 1214-1223

Hutchison K A. 2003. Is semantic priming due to association strength or feature overlap? A microanalytic review. Psychonomic Bulletin & Review, 10 (4): 785-813

Irwin D E. 1998. Lexical processing during saccadic eye movements. Cognitive Psychology, 36: 1-27

James K H, Atwood T P. 2009. The role of sensorimotor learning in the perception of letter-like forms: Tracking the causes of neural specialization for letters. Cognitive Neuropsychology, 26 (1): 91-110

James K H, Gauthier I. 2006. Letter processing automatically recruits a sensory-motor brain network. Neuropsychologia, 44 (14): 2937-2949

Jameson K A, Alvarado N. 2003. Differences in color naming and color salience in Vietnamese and English. Color Research and Application, 28 (2): 113-138

Jescheniak J D, Meyer A S, Levelt W J. 2003. Specific-word frequency is not all that counts in speech production: Comments on Caramazza, Costa, et al. (2001) and new experimental data. Journal of Experimental Psychology: Learning, Memory, and Cognition, 29 (3): 432-438

Jiang X, Jing Q. 1999. The syntactic and semantic influences on simple sentence comprehension in Chinese. Acta Psychologica Sinica, (4): 361-368

Jin Z L, Zhang J X, Li L. 2014. Endogenous language control in Chinese-English switching: An event-related potentials study. Neuroscience Bulletin, 30: 461-468

Johnson J S, Newport E L. 1989. Critical period effects in second language learning: The influence of maturational state on the acquisition of English as a second language. Cognitive Psychology, 21 (1): 60-99

Jung-Beeman M. 2005. Bilateral brain processes for comprehending natural language. Trends in Cognitive Sciences, 9 (11): 512-518

Kapa L L, Colombo J. 2013. Attentional control in early and later bilingual children. Cognitive Development, 28: 233-246

Kaup B, Zwaan R A. 2003. Effects of negation and situational presence on the accessibility of text information. Journal of Experimental Psychology: Learning, Memory, and Cognition, 29: 439-446

Kaup B, Lüdtke J, Zwaan R A. 2006. Processing negated sentences with contradictory predicates: Is a door that is not open mentally closed? Journal of Pragmatics, 38: 1033-1050

Kaup B, Yaxley R H, Madden C J, et al. 2007. Experiential simulations of negated text information. Quarterly Journal of Experimental Psychology, 60 (7): 976-990

Kaushanskaya M, Marlan V. 2009. The bilingual advantage in novel word learning. Psychonomic Bulletin & Review, 16: 705-710

Keysar B, Hayakawa S L, An S G. 2012. The foreign-language effect: Thinking in a foreign tongue reduces decision biases. Psychology, 23 (6): 661-668

Kim H S, Sasaki J Y. 2014. Cultural neuroscience: Biology of the mind in cultural contexts. Annual Review of Psychology, 65: 487-514

Kim K H, Relkin N R, Lee K M, et al. 1997. Distinct cortical areas associated with native and second languages. Nature, 388 (6638): 171-174

Kirsner K, Brown H L, Abrol S, et al. 1980. Bilingualism and lexical representation. Quarterly Journal of Experimental Psychology, 32: 585-594

Klatt D H. 1979. Speech perception: A model of acoustic-phonetic analysis and lexical access. Journal of Phonetics, 7 (3): 279-312

Klein D, Mok K, Chen J K, et al. 2014. Age of language learning shapes brain structure: A cortical thickness study of bilingual and monolingual individuals. Brain and Language, 131 (3): 20-24

Klein G S. 1964. Semantic power measured through the interference of words with color-naming. American Journal of Psychology, 77 (4): 576-588

Kliegl R, Engbert R. 2005. Fixation durations before word skipping in reading. Psychonomic Bulletin Review, 12: 132-138

Kolers P A. 1963. Interlingual word associations. Journal of Verbal Learning and Verbal Behavior, (2): 291-300

Kolers P A. 1966. Interlingual facilitation of short-term memory. Journal of Verbal Learning and Verbal Behavior, 5 (3): 314-319

Komáromy A M, Alexander J J, Rowlan J S, et al. 2010. Gene therapy rescues cone function in congenital achromatopsia. Human Molecular Genetics, 19 (13): 2581-2593

Kousaie S, Phillips N A. 2017. A behavioural and electrophysiological investigation of the effect of bilingualism on aging and cognitive control. Neuropsychologia, 94 (8): 23-35

Kovács A M, Mehler J. 2009a. Cognitive gains in 7-month-old bilingual infants. Proceedings of the National Academy of Sciences of the United States of America, 106: 6556-6560

Kovács A M, Mehler J. 2009b. Flexible learning of multiple speech structures in bilingual infants. Science, 325 (5940): 611-612

Kovelman I, Baker S A, Petitto L A. 2008. Bilingual and monolingual brains compared: A functional magnetic resonance imaging investigation of syntactic processing and a possible "neural signature" of bilingualism. Journal of Cognitive Neuroscience, 20 (1): 153-169

Krashen S D. 1982. Principles and Practice in Second Language Acquisition. Oxford: Pergamon Press

Krizman J, Skoe E, Marian V, et al. 2014. Bilingualism increases neural response consistency and attentional control: Evidence for sensory and cognitive coupling. Brain and Language, 128: 34-

40

Kroll J F, de Groot A M B. 1997. Lexical and conceptual memory in the bilingual: Mapping form to meaning in two languages. In de Groot A M B & Kroll J F (Eds.), Tutorials in Bilingualism Psycholinguistic Perspectives. Mahwah: Lawrence Erlbaum Associates Publishers, 169-199

Kroll J F, Stewart E. 1990. Concept mediation in bilingual translation. Journal of the Institute of Image Information & Television Engineers, 54 (3): 111-117

Kroll J F, Stewart E. 1994. Category interference in translation and picture naming: Evidence for asymmetric connections between bilingual memory representations. Journal of Memory and Language, 33 (2): 149-174

Kuo W J, Yeh T C, Duann J R, et al. 2001. A left-lateralized network for reading Chinese words: A 3T fMRI study. NeuroReport, 12 (18): 3997-4001

Kutas M, Hillyard S A. 1980. Reading between the lines: Event-related brain potentials during natural sentence processing. Brain and Language, 11: 354-373

Kwok V, Niu Z D, Zhou K, et al. 2011. Learning new color names produces rapid increase in gray matter in the intact adult human cortex. Proceedings of the National Academy of Sciences of the United States of America, 108 (16): 6686-6688

La Heij W. 2005. Selection processes in monolingual and bilingual lexical access. In Kroll J F & de Groot A M B (Eds.), Handbook of Bilingualism: Psycholinguistic Approaches. New York: Oxford University Press, 289-307

Lane A, Luminet O, Nave G, et al. 2016. Is there a publication bias in behavioural intranasal oxytocin research on humans? Opening the file drawer of one laboratory. Journal of Neuroendocrinology, 28 (4): 1-15

Lawes I N C, Barrick T R, Murugam V, et al. 2008. Atlas-based segmentation of white matter tracts of the human brain using diffusion tensor tractography and comparison with classical dissection. NeuroImage, 39: 62-79

Lee H L, Kim K H. 2011. Can speaking more languages enhance your creativity? Relationship between bilingualism and creative potential among Korean American students with multicultural link. Personality and Individual Differences, 50: 1186-1190

Legault J, Fang S Y, Lan Y J, et al. 2018. Structural brain changes as a function of second language vocabulary training: Effects of learning context. Brain and Cognition, 134: 90-102

Lehtonen M, Laine M, Niemi J, et al. 2005. Brain correlates of sentence translation in Finnish-Norwegian bilinguals. NeuroReport, 16: 607-610

Lenneberg E H. 1967. The Biological Foundations of Language. Hospital Practice, 2 (12): 59-67

Levelt W J M. 1989. Speaking: From Intention to Articulation. Cambridge: MIT Press

Levelt W J M. 1992. Accessing words in speech production: Stages, processes and representations. Cognition, 42: 1-22

Levelt W J M, Roelofs A, Meyer A S. 1999. A theory of lexical access in speech production. Behavioral and Brain Sciences, 22 (1): 1-38

Li L, Mo L, Wang R, et al. 2009. Evidence for long-term cross-language repetition priming in low fluency Chinese-English bilinguals. Bilingualism: Language and Cognition, 12 (1): 13-21

Li Y, Wang Y, Yu F, et al. 2021. Large-scale reconfiguration of connectivity patterns among attentional networks during context-dependent adjustment of cognitive control. Human Brain Mapping, 42 (12): 3821-3832

Liberman A M, Mattingly I G. 1985. The motor theory of speech perception revised. Cognition, 21 (1): 1-36

Liberman A M, Cooper F S, Shankweiler D P, et al. 1967. Perception of the speech code. Psychological Review, 74 (6): 431-461

Linck J A, Osthus P, Koeth J T, et al. 2014. Working memory and second language comprehension and production: A meta-analysis. Psychonomic Bulletin & Review, 21 (4): 861-883

Liu H, Dunlap S, Liang L, et al. 2018a. The effect of inhibitory control and its training on L1 and a new learned language switching. International Journal of Bilingualism, 22 (6): 653-674

Liu H, Xie N, Zhang M, et al. 2018b. The electrophysioligical mechanism of joint language switching: Evidence from simultaneous production and comprehension. Journal of Neurolinguistics, 45: 45-59

Liu Q, Li H, Campos J L, et al. 2009. The N2pc component in ERP and the lateralization effect of language on color perception. Neuroscience Letter, 454 (1): 58-61

Longcamp M, Anton J L, Roth M. 2003. Visual presentation of single letters activates a premotor area involved in writing. NeuroImage, 19 (4): 1492-1500

Longcamp M, Boucard C, Gilhodes J C. 2008. Learning through hand- or typewriting influences visual recognition of new graphic shapes: Behavioral and functional imaging evidence. Journal of Cognitive Neuroscience, 20 (5): 802-815

Lopez-Barroso D, Catani M, Ripolles P, et al. 2013. Word learning is mediated by the left arcuate fasciculus. Proceedings of the National Academy of Sciences of the United States of America, 110: 13168-13173

Luk G, Eric D S, Bialystok E. 2011. Is there a relation between onset age of bilingualism and enhancement of cognitive control? Bilingualism: Language and Cognition, 14: 588-596

Luo D Y, Kwok V P Y, Liu Q, et al. 2019. Microstructural plasticity in the bilingual brain. Brain and Language, 196: 104654

Luo L, Luk G, Bialystok E. 2010. Effect of language proficiency and executive control on verbal fluency performance in bilinguals. Cognition, 114 (1): 29-41

Lupker S J, Katz A N. 1981. Input, decision, and response factors in picture-word interference. Journal of Experimental Psychology: Human Learning and Memory, 7 (4): 269-282

Ma F Y, Li S C, Guo T M. 2016. Reactive and proactive control in bilingual word production: An investigation of influential factors. Journal of Memory and Language, 86: 35-59

MacLeod C M. 1991. Half a century of research on the Stroop effect: An integrative review. Psychological Bulletin, 109: 163-203

Macnamara B N, Conway A R. 2014. Novel evidence in support of the bilingual advantage: Influences of task demands and experience on cognitive control and working memory. Psychonomic Buletin & Review, 21 (2): 520-525

Macnamara J E. 1967. Problems of bilingualism. Journal of Social Issues, 23 (2): 137

MacWhinney B. 2005. Extending the competition model. International Journal of Bilingualism, 9 (1): 69-84

Mahon B, Costa A, Peterson R, et al. 2007. Lexical selection is not by competition: A reinterpretation of semantic interference and facilitation effects in the picture-word interference paradigm. Journal of Experimental Psychology: Learning, Memory, and Cognition, 33 (3): 503-535

Maier M, Abdel Rahman R. 2018. Native language promotes access to visual consciousness. Psychology Science, 29 (11): 1757-1772

Mamiya P C, Richards T L, Coe B P, et al. 2016. Brain white matter structure and COMT gene are linked to second-language learning in adults. Proceedings of the National Academy of Sciences of the United States of America, 113: 7249-7254

Markus B. 1998. Stroop interference in bilinguals: The role of similarity between the two languages. In Healy A F & Bourne L E (Eds.), Foreign Language Learning: Psycholinguistic Studies on Training and Retention. Mahwah: Lawrence Erlbaum Associates Publishers, 317-337

Mårtensson J, Eriksson J, Bodammer N C, et al. 2012. Growth of language-related brain areas after foreign language learning. NeuroImage, 63: 240-244

Marzecová A, Bukowski M, Correa Á, et al. 2013. Tracing the bilingual advantage in cognitive control: The role of flexibility in temporal preparation and category switching. Journal of Cognitive Psychology, 25 (5): 586-604

Massaro D W. 1989. Multiple book review of speech perception by ear and eye: A paradigm for psychological inquiry. Behavioral and Brain Sciences, 12 (4): 741-755

Massaro D W, Chen T H. 2008. The motor theory of speech perception revisited. Psychonomic Bulletin & Review, 15 (2): 453-457

Mather E, Jones L L, Estes Z. 2014. Priming by relational integration in perceptual identification and Stroop colour naming. Journal of Memory and Language, 71 (1): 57-70

Mayo R, Schul Y, Burnstein E. 2004. "I am not guilty" vs "I am innocent": Successful negation may depend on the schema used for its encoding. Journal of Experimental Social Psychology, 40: 433-449

McCandliss B D, Posner M I, Givon T. 1997. Brain plasticity in learning visual words. Cognitive Psychology, 33 (1): 88-110

McClelland J L, Elman J L. 1986. The TRACE model of speech perception. Cognitive Psychology, 18 (1): 1-86

McLaughlin J, Osterhout L, Kim A. 2004. Neural correlates of second-language word learning: Minimal instruction produces rapid change. Nature Neuroscience, 7: 703-704

McNamara J, Krauthammer M, Bolgar M. 1968. Language switching in bilinguals as a function of stimulus and response uncertainty. Journal of Experimental Psychology, 78: 208-215

Mechelli A, Crinion J T, Noppeney U, et al. 2004. Structural plasticity in the bilingual brain—Proficieny in a second language and age at acquisition affect grey-matter density. Nature, 431 (7010): 757

Meuter R F I, Allport A. 1999. Bilingual language switching in naming: Asymmetrical costs of language selection. Journal of Memory and Language, 40 (1): 25-40

Meyer D E, Ruddy M G. 1972. Bilingual word-recognition: Organization and retrieval of alternative lexical codes. Paper presented on the Eastern Psychological Association, Philadelphia

Miceli G, Benvegnu B, Capasso R, et al. 1997. The independence of phonological and orthographic lexical forms: Evidence from aphasia. Cognitive Neuropsychology, 14 (1): 35-69

Miller E K. 1999. The prefrontal cortex: Complex neural properties for complex behavior. Neuron, 22 (1): 15-17

Miller J L, Eimas P D. 1996. Internal structure of voicing categories in early infancy. Perception & Psychophysics, 58 (8): 1157-1167

Miozzo M, Caramazza A. 2003. When more is less: A counterintuitive effect of distractor frequency in the picture-word interference paradigm. Journal of Experimental Psychology, 132 (2): 228-252

Miyake A, Friedman N P, Emerson M J, et al. 2000. The unity and diversity of executive functions and their contributions to complex "Frontal Lobe" tasks: A latent variable analysis. Cognitive Psychology, 41: 49-100

Mo L, Xu G, Kay P, et al. 2011. Electrophysiological evidence for the left-lateralized effect of language on preattentive categorical perception of color. Proceedings of the National Academy of Sciences of the United States of America, 108 (34): 14026-14030

Mohades S G, Struys E, van Schuerbeek P, et al. 2012. DTI reveals structural differences in white matter tracts between bilingual and monolingual children. Brain Research, 1435: 72-80

Moon C, Cooper R P, Fifer W P. 1993. Two-day-olds prefer their native language. Infant Behavior & Development, 16 (4): 495-500

Morton J. 1969. Interaction of information in word recognition. Psychological Review, 76 (2): 165-178

Morton J B, Harper S N. 2007. What did Simon say? Revising the bilingual advantage. Developmental Science, 10 (6): 719-726

Mukadam N, Sommerlad A, Livingston G. 2017. The relationship of bilingualism compared to monolingualism to the risk of cognitive decline or dementia: A systematic review and meta-analysis. Journal of Alzheimer's Disease, 58 (1): 45-54

Müller R, Behen M E, Rothermel R D, et al. 1999. Brain organization for language in children, adolescents, and adults with left hemisphere lesion: A PET study. Progress in Neuro-Psychopharmacology and Biological Psychiatry, 23 (4): 657-668

Naeem K, Filippi R, Periche-Tomas E, et al. 2018. The importance of socioeconomic status as a modulator of the bilingual advantage in cognitive ability. Frontiers in Psychology, 9: 1818

Navarrete E, Costa A. 2005. Phonological activation of ignored pictures: Further evidence for a cascade model of lexical access. Journal of Memory and Language, 53 (3): 359-377

Nguyen T K, Astington J W. 2014. Reassessing the bilingual advantage in theory of mind and its cognitive underpinnings. Bilingualism: Language and Cognition, 17: 396-409

Nisbett R E, Miyamoto Y. 2005. The influence of culture: Holistic versus analytic perception. Trends in Cognitive Sciences, 9 (10): 467-473

Olsen R K, Pangelinan M M, Bogulski C, et al. 2015. The effect of lifelong bilingualism on regional grey and white matter volume. Brain Research, 1612: 128-139

Orfanidou E, Sumner P. 2005. Language switching and the effects of orthographic specificity and response repetition. Memory & Cognition, 33 (2): 355-369

Paap K R, Greenberg Z I. 2013. There is no coherent evidence for a bilingual advantage in executive processing. Cognitive Psychology, 66 (2): 232-258

Paap K R, Johnson H A, Sawi O. 2014. Are bilingual advantages dependent upon specific tasks or specific bilingual experiences? Journal of Cognitive Psychology, 26 (6): 615-639

Paap K R, Johnson H A, Sawi O. 2015. Bilingual advantages in executive functioning either do not exist or are restricted to very specific and undetermined circumstances. Cortex, 69: 265-278

Paap K R, Myuz H A, Anders R T, et al. 2017. No compelling evidence for a bilingual advantage in switching or that frequent language switching reduces switch cost. Journal of Cognitive Psychology, 29 (2): 89-112

Paivio A, Lambert W. 1981. Dual coding and bilingual memory. Journal of Verbal Learning and Verbal Behavior, 20 (5): 532-539

Peeters D, Runnqvist E, Bertrand D, et al. 2014. Asymmetrical switch costs in bilingual language production induced by reading words. Journal of Experimental Psychology: Learning, Memory, and Cognition, 40 (1): 284-292

Perani D, Farsad M, Ballarini T, et al. 2017. The impact of bilingualism on brain reserve and metabolic connectivity in Alzheimer's dementia. Proceedings of the National Academy of Sciences, 114 (7): 1690-1695

Pliatsikas C, Moschopoulou E, Saddy J D. 2015. The effects of bilingualism on the white matter structure of the brain. Proceedings of the National Academy of Sciences of the United States of America, 112 (5): 1334-1337

Poarch G J, Bialystok E. 2015. Bilingualism as a model for multi-tasking. Developmental Review, 35: 113-124

Poarch G J, van Hell J G. 2012. Executive functions and inhibitory control in multilingual children: Evidence from second-language learners, bilinguals, and trilinguals. Journal of Experimental Child Psychology, 113: 535-551

Pons F, Bosch L, Lewkowicz D J. 2015. Bilingualism modulates infants' selective attention to the mouth of a talking face. Psychological Science, 26: 490-498

Potter M C, So K F, Eckardt B V, et al. 1984. Lexical and conceptual representation in beginning and proficient bilinguals. Journal of Verbal Learning and Verbal Behavior, 23 (1): 23-38

Prior A, MacWhinney B. 2010. A bilingual advantage in task switching. Bilingualism: Language and Cognition, 13 (2): 253-262

Qu Q, Damian M F, Zhang Q, et al. 2011. Phonology contributes to writing: Evidence from written word production in a nonalphabetic script. Psychological Science, 22 (9): 1107-1112

Raichle M E, MacLeod A M, Snyder A Z, et al. 2001. A default mode of brain function. Proceedings of the National Academy of Sciences, 98 (2): 676-682

Ramírez N F, Ramírez R R, Clarke M, et al. 2017. Speech discrimination in 11-month-old bilingual and monolin-gual infants: A magnetoencephalography study. Developmental Science, 20 (1): 24-27

Rapp B, Caramazza A. 1997. The modality-specific organization of grammatical categories: Evidence from impaired spoken and written sentence production. Brain and Language, 56 (2): 248-286

Rapp B, Goldrick M. 2000. Discreteness and interactivity in spoken word production. Psychological Review, 107 (3): 460-499

Rapp B, Benzing L, Caramazza A. 1997. The autonomy of lexical orthography. Cognitive Neuropsychology, 14 (1): 71-104

Rayner K. 1998. Eye movements in reading and information processing: 20 years of research. Psychological Bulletin, 124: 372-422

Rayner K, Juhasz B J, Ashby J, et al. 2003. Inhibition of saccade return in reading. Vision Research, 43: 1027-1034

Ressel V, Pallier C, Ventura-Campos N, et al. 2012. An effect of bilingualism on the auditory cortex. The Journal of Neuroscience, 32: 16597-16601

Riggs N R, Shin H S, Unger J B, et al. 2014. Prospective associations between bilingualism and executive function in Latino children: Sustained effects while controlling for biculturalism. Journal of Immigrant and Minority Health, 16: 914-921

Roberson D. 2005. Color categories are culturally diverse in cognition as well as in language. Cross-Cultural Research, 39 (1): 56-71

Roberson D, Hanley J R, Pak H. 2009. Thresholds for color discrimination in English and Korean speakers. Cognition, 112 (3): 482-487

Roberson D, Pak H, Hanley J R. 2008. Categorical perception of colour in the left and right visual field is verbally mediated: Evidence from Korean. Cognition, 107 (2): 752-762

Rodriguez-Fornells A, van der Lugt A, Rotte M, et al. 2005. Second language interferes with word production in fluent bilinguals: Brain potential and functional imaging evidence. Journal of Cognitive Neuroscience, 17: 422-433

Roelofs A. 1992. A spreading-activation theory of lemma retrieval in speaking. Cognition, 42 (1-3): 107-142

Roelofs A. 1996. Serial order in planning the production of successive morphemes of a word. Journal of Memory and Language, 35 (6): 854-876

Roelofs A, Meyer A S. 1998. Metrical structure in planning the production of spoken words. Journal of Eperimental Psychology: Learning, Memory, and Cognition, 24 (4): 9-22

Rosselli M, Ardila A, Araujo K, et al. 2000. Verbal fluency and repetition skills in healthy older spanish-english bilinguals. Applied Neuropsychology, 7 (1): 17-24

Rubenstein H, Lewis S S, Rubenstein M A. 1971. Evidence for phonemic recoding in visual word recognition. Journal of Verbal Learning and Verbal Behavior, 10 (6): 645-657

Samuel S, Roehr-Brackin K, Pak H, et al. 2018. Cultural effects rather than a bilingual advantage in cognition: A review and an empirical study, cognitive science, 42: 2313-2341

Sandoval T C, Gollan T H, Ferreira V S, et al. 2010. What causes the bilingual disadvantage in verbal fluency? The dual-task analogy. Bilingualism: Language and Cognition, 13 (2): 231-252

Schlegel A A, Rudelson J J, Tse P U. 2012. White matter structure changes as adults learn a second language. Journal of Cognitive Neuroscience, 24 (8): 1664-1670

Schmitt B M, Meyer A S, Levelt W J M. 1999. Lexical access in the production of pronouns. Cognition, 69: 313-335

Schmitt B M, Münte T F, Kutas M. 2000. Electrophysiological estimates of the time course of semantic and phonological encoding during implicit picture naming. Psychophysiology, 37 (4): 473-484

Schmitt B M, Schiltz K, Zaake W, et al. 2001. An electrophysiological analysis of the time course of conceptual and syntactic encoding during tacit picture naming. Journal of Cognitive Neuroscience, 13 (4): 510-522

Schriefers H, Meyer A S, Levelt W J. 1990. Exploring the time course of lexical access in language production: Picture-word interference studies. Journal of Memory and Language, 29 (1): 86-102

Schuberth R E, Eimas P D. 1977. Effects of context on the classification of words and nonwords. Journal of Experimental Psychology: Human Perception and Performance, 3 (1): 27-36

Schumann J H. 1978. The acculturation model for second language acquisition. In Gingras R C (Ed.), Second Language Acquisition and Foreign Language Learning. Washington D C: Center for Applied Linguistics, 27-50

Schwartz B D, Eubank L. 1996. What is the "L2 initial state"? Second Language Research, 12 (1): 1-5

Schwartz B D, Sprouse R A. 1994. Word order and nominative case in nonnative language acquisition: A longitudinal study of (L1 Turkish) German interlanguage. In Hoekstra T & Schwartz B D (Eds.), Language Acquisition Studies in Generative Grammar: Papers in Honor of Kenneth Wexler from the 1991 GLOW Workshops. Philadelphia: John Benjamins, 317-368

Seeley W W, Menon V, Schatzberg A F, et al. 2007. Dissociable intrinsic connectivity networks for salience processing and executive control. The Journal of Neuroscience, 27 (9): 2349-2356

Segalowitz S J, Zheng X. 2009. An ERP study of category priming: Evidence of early lexical semantic access. Biological Psychology, 80 (1): 122-129

Shaffer D R, Kipp K. 2014. Developmental Psychology: Childhood and Adolescence (9th edition). Belmont: Wadsworth Cengage Learning

Shao Z, Esther J, Karina V, et al. 2014. What do verbal fluency tasks measure? Predictors of verbal fluency performance in older adults. Frontiers in Psychology, 5: 772

Sharon G A, Yumi H, Carol Y, et al. 2009. Cultural difference in the visual processing of meaning: Detecting incongruities between background and foreground objects using the N400. Social Cognitive and Affective Neuroscience, 5: 242-253

Sheppard J P, Wang J P, Wong P C. 2012. Large-scale cortical network properties predict future sound-to-word learning success. Journal of Cognitive Neuroscience, 24 (5): 1087-1103

Simon J R, Rudell A P. 1967. Auditory S-R compatibility: The effect of an irrelevant cue on information processing. Journal of Applied Psychology, 51 (3): 300-304

Singh L, Fu C S, Rahman A A, et al. 2015. Back to basics: A bilingual advantage in infant visual habituation. Child Development, 86: 294-302

Skelton A E, Catchpole G, Abbott J T, et al. 2017. Biological origins of color categorization. Proceedings of the National Academy of Sciences of the United States of America, 114 (21): 5545-5550

Skipper J I, van Wassenhove V, Nusbaum H C, et al. 2007. Hearing lips and seeing voices: How cortical areas supporting speech production mediate audiovisual speech perception. Cerebral Cortex, 17 (10): 2387-2399

Sorge G B, Toplak M E, Bialystok E. 2017. Interactions between levels of attention ability and levels of bilingualism in children's executive functioning. Developmental Science, 20 (1): e12408

Sporns O, Tononi G, Kötter R. 2005. The human connectome: A structural description of the human brain. PLoS Computational Biology, 1 (4): 245-251

Starreveld P A, La Heij W. 1995. Semantic interference, orthographic facilitation, and their interaction in naming tasks. Journal of Experimental Psychology: Learning, Memory, and Cognition, 21 (3): 686-698

Starreveld P A, de Groot A M B, Rossmark B M M, et al. 2014. Parallel language activation during word processing in bilinguals: Evidence from word production in sentence context. Bilingualism-Language and Cognition, 17: 258-276

Stocco A, Prat C S. 2014. Bilingualism trains specific brain circuits involved in flexible rule selection and application. Brain and Language, 137: 50-61

Stroop J R. 1935. Studies of interference in serial verbal reactions. Journal of Experimental Psychology, 18: 643-662

Struys E, Woumans E, Nour S, et al. 2018. A domain general monitoring account of language switching in recognition tasks: Evidence for adaptive control. Bilingualism-Language and Cognition, 22 (3): 606-623

Sullivan M D, Janus M, Moreno S, et al. 2014. Early stage second-language learning improves executive control: Evidence from ERP. Brain and Language, 139: 84-98

Tamis-LeMonda C S, Bornstein M H, Baumwell L. 2001. Maternal responsiveness and children's achievement of language milestones. Child Development, 72 (3): 748-767

Tan L H, Spinks J A, Feng C M. 2003. Neural systems of second language reading are shaped by native language. Human Brain Mapping, 18 (3): 158-166

Tan L H, Spinks J A, Eden G F, et al. 2005. Reading depends on writing, in Chinese. Proceedings of the National Academy of Sciences of the United States of America, 102 (24): 8781-8785

Tanner D, McLaughlin J, Herschensohn J, et al. 2013. Individual differences reveal stages of L2 grammatical acquisition: ERP evidence. Bilingualism: Language and Cognition, 16: 367-382

Tao L, Marzecová A, Taft M, et al. 2011. The efficiency of attentional networks in early and late bilinguals: The role of age of acquisition. Frontiers in Psychology, 2: 123

Tarlowski A, Wodniecka Z, Marzecová A. 2013. Language switching in the production of phrases. Journal of Psycholinguistic Research, 42 (2): 103-118

Teubner-Rhodes S E, Mishler A, Corbett R, et al. 2016. The effects of bilingualism on conflict monitoring, cognitive control, and garden-path recovery. Cognition, 150: 213-231

Thierry G, Athanasopoulos P, Wiggett A, et al. 2009. Unconscious effects of language-specific terminology on preattentive color perception. Proceedings of the National Academy of Sciences of the United States of America, 106 (11): 4567-4570

Thiessen E D, Saffran J R. 2003. When cues collide: Use of stress and statistical cues to word boundaries by 7- to 9-month-old infants. Developmental Psychology, 39 (4): 706-716

Thomas-Sunesson D, Hakuta K, Bialystok E. 2018. Degree of bilingualism modifies executive control in hispanic children in the USA. International Journal of Bilingual Education & Bilingualism, 21 (2): 197-206

Ting Siok W, Kay P, Wang W S, et al. 2009. Language regions of brain are operative in color perception. Proceedings of the National Academy of Sciences of the United States of America, 106 (20): 8140-8145

Vainikka A, Young-Scholten M. 1994. Direct access to X'-Theory: Evidence from Korean and Turkish adults learning German. In Hoekstra T & Schwartz B D (Eds.), Language Acquisition and Language Disorders. Amsterdam: John Benjamins Publishing Company, 265-316

van der Meij M, Cuetos F, Carreiras M. 2011. Electrophysiological correlates of language switching in second language learners. Psychophysiology, 48 (1): 44-54

van den Noort M, Struys E, Boschet P. 2019a. Individual variation and the bilingual advantage-factors that modulate the effect of bilingualism on cognitive control and cognitive reserve. Behavioral Sciences, 9 (12): 120-129

van den Noort M, Vermeire K, Bosch P, et al. 2019b. A systematic review on the possible relationship between bilingualism, cognitive decline, and the onset of dementia. Behavioral Sciences, 9 (7): 81

Vargha-Khadem F, Corballis M C. 1979. Cerebral asymmetry in infants. Brain and Language, 8 (1): 1-9

Vargha-Khadem F, Gadian D G, Watkins K E, et al. 1997. Differential effects of early hippocampal pathology on episodic and semantic memory. Science, 277 (5324): 376-380

Veroude K, Norris D G, Shumskaya E, et al. 2010. Functional connectivity between brain regions involved in learning words of a new language. Brain and Language, 113 (1): 21-27

Vincent J L, Kahn I, Snyder A Z, et al. 2008. Evidence for a frontoparietal control system revealed by intrinsic functional connectivity. Journal of Neurophysiology, 100 (6): 3328-3342

Wang Y, Sereno J A, Jongman A, et al. 2003. fMRI evidence for cortical modification during learning of Mandarin lexical tone. Journal of Cognitive Neuroscience, 15 (7): 1019-1027

Wartenburger I, Heekeren H R, Abutalebi J, et al. 2003. Early setting of grammatical processing in the bilingual brain. Neuron, 37 (1): 159-170

Waters G S, Seidenberg M S. 1985. Spelling-sound effects in reading: Time-course and decision criteria. Memory & Cognition, 13 (6): 557-572

Weber-Fox C M, Neville H J. 1996. Maturational constraints on functional specializations for language processing: ERP and behavioral evidence in bilingual speakers. Journal of Cognitive Neuroscience, 8 (3): 231-256

Weikum W M, Vouloumanos A, Navarra J, et al. 2007. Visual language discrim-ination in infancy. Science, 316 (5828): 1159

Weinreich U. 1953. Languages in Contact, Findings and Problems. New York: Linguistic Circle of New York

Wilson S M. 2009. Speech perception when the motor system is compromised. Trends in Cognitive Sciences, 13 (8): 329-331

Wimmer M C, Marx C. 2014. Inhibitory processes in visual perception: A bilingual advantage. Journal of Experimental Child Psychology, 126: 412-419

Winawer J, Witthoft N, Frank M C, et al. 2007. Russian blues reveal effects of language on color discrimination. Proceedings of the National Academy of Sciences of the United States of America, 104 (19): 7780-7785

Wong P C, Perrachione T K, Parrish T B. 2007. Neural characteristics of successful and less successful speech and word learning in adults. Human Brain Mapping, 28 (10): 995-1006

Woumans E, Ceuleers E, Lize V, et al. 2015. Verbal and nonverbal cognitive control in bilinguals and interpreters. Journal of Experimental Psychology: Learning, Memory, and Cognition, 41 (5): 1579-1586

Wu J, Yang J, Chen M, et al. 2019. Brain network reconfiguration for language and domain-general cognitive control in bilinguals. NeuroImage, 199: 454-465

Xiang H, Leeuwen T M, Dediu D, et al. 2015. L2-proficiency-dependent laterality shift in structural connectivity of brain language pathways. Brain Connectivity, 5 (6): 349-361

Xu J, Kemeny S, Park G, et al. 2005. Language in context: Emergent features of word, sentence, and narrative comprehension. NeuroImage, 25 (3): 1002-1015

Xu Q H, Zhang S J, Li J, et al. 2021. The post-verbal effect of negators in Mongolian contradictory negations provides support for the fusion model. Frontiers in Psychology, 12: 603075

Yang E. 2017. Bilinguals' working memory advantage (WM) and their dual language practices. Brain Sciences, 7 (7): 86

Yang J, Gates K M, Molenaar P, et al. 2015. Neural changes underlying successful second language word learning: An fMRI study. Journal of Neurolinguistics, 33: 29-49

Yang J, Kanazawa S, Yamaguchi M K, et al. 2016. Cortical response to categorical color perception in infants investigated by near-infrared spectroscopy. Proceedings of the National Academy of Sciences of the United States of America, 113 (9): 2370-2375

Yang S, Yang H. 2016. Bilingual effects on deployment of the attention system in linguistically and culturally homogeneous children and adults. Journal of Experimental Child Psychology, 146: 121-136

Yang S, Yang H, Lust B. 2011. Early childhood bilingualism leads to advances in executive attention: Dissociating culture and language. Bilingualism: Language and Cognition, 14: 412-422

Yeatman J D, Rauschecker A M, Wandell B A. 2013. Anatomy of the visual word form area: Adjacent cortical circuits and long-range white matter connections. Brain and Language, 125 (2): 146-155

Yokoyama S, Altun A, Jia H, et al. 2015. Adaptive evolutionary paths from UV reception to sensing violet light by epistatic interactions. Science Advances, 1 (8): e1500162

Zeelenberg R, Pecher D. 2003. Evidence for long-term cross-language repetition priming in conceptual implicit memory tasks. Journal of Memory and Language, 49 (1): 80-94

Zhang D, Raichle M E. 2010. Disease and the brain's dark energy. Nature Reviews Neurology, 6 (1): 15-28

Zhong W, Li Y, Li P, et al. 2015. Short-term trained lexical categories produce preattentive categorical perception of color: Evidence from ERPs. Psychophysiology, 52 (1): 98-106

Zhou C, Zemanová L, Zamora G, et al. 2006. Hierarchical organization unveiled by functional connectivity in complex brain networks. Physical Review Letters, 97 (23): 238103

Zhou K, Mo L, Kay P, et al. 2010. Newly trained lexical categories produce lateralized categorical perception of color. Proceedings of the National Academy of Sciences of the United States of America, 107 (22): 9974-9978

Zhu Z, Feng G, Zhang J X, et al. 2013. The role of the left prefrontal cortex in sentence-level semantic integration. NeuroImage, 76 (1): 325-331